Loredana Chiappini, Nuccia De Filippo

UN *NUOVO* GIORNO IN ITALIA

Percorso narrativo
di italiano per stranieri

A1

Codice B2798

Un nuovo giorno in Italia A1

Codice di Sblocco

IL LIBRO IN DIGITALE
Questo corso è distribuito sulla piattaforma myLIM per computer e tablet.

❶ REGISTRATI SU IMPAROSULWEB
Vai sul sito *imparosulweb.eu* e registrati scegliendo il tuo profilo. Completa l'attivazione cliccando il link contenuto nell'e-mail di conferma. Al termine della procedura sarai indirizzato nella tua area personale.

❷ SBLOCCA IL VOLUME
Usa il **codice di sblocco** che trovi stampato su questo libro per sbloccarlo su Imparosulweb e per accedere anche alle espansioni online associate.

❸ SCARICA L'APPLICAZIONE MYLIM
Clicca sul pulsante **Libro digitale** e segui le istruzioni per scaricare e installare l'applicazione.

❹ SCARICA IL LIBRO ATTIVATO
Entra nella libreria di myLIM facendo login con il tuo account Imparosulweb e clicca sulla copertina del libro attivato per scaricarlo. Sfoglia le pagine e i pulsanti ti guideranno alla scoperta delle risorse multimediali collegate.

Bonacci editore

© Loescher Editore - 2016
Sede operativa Via Vittorio Amedeo II, 18 - 10121 Torino
www.loescher.it

Diritti riservati
I diritti di pubblicazione, riproduzione, comunicazione, distribuzione, trascrizione, traduzione, noleggio, prestito, esecuzione, elaborazione in qualsiasi forma o opera, di memorizzazione anche digitale e di adattamento totale o parziale su supporti di qualsiasi tipo e con qualsiasi mezzo (comprese le copie digitali e fotostatiche), sono riservati per tutti i paesi. L'acquisto della presente copia dell'opera non implica il trasferimento dei suddetti diritti né li esaurisce.

Fotocopie e permessi di riproduzione
Le fotocopie per uso personale (cioè privato e individuale, con esclusione quindi di strumenti di uso collettivo) possono essere effettuate, nei limiti del 15% di ciascun volume, dietro pagamento alla S.I.A.E. del compenso previsto dall'art. 68, commi 4 e 5, della legge 22 aprile 1941 n. 633. Tali fotocopie possono essere effettuate negli esercizi commerciali convenzionati S.I.A.E. o con altre modalità indicate da S.I.A.E.

Per le riproduzioni ad uso non personale (ad esempio: professionale, economico, commerciale, strumenti di studio collettivi, come dispense e simili) l'editore potrà concedere a pagamento l'autorizzazione a riprodurre un numero di pagine non superiore al 15% delle pagine del presente volume. Le richieste vanno inoltrate a

Centro Licenze e Autorizzazioni per le Riproduzioni Editoriali (CLEARedi)
Corso di Porta Romana, n. 108 - 20122 Milano
e-mail *autorizzazioni@clearedi.org* e sito web *www.clearedi.org*

L'editore, per quanto di propria spettanza, considera rare le opere fuori del proprio catalogo editoriale. La loro fotocopia per i soli esemplari esistenti nelle biblioteche è consentita, anche oltre il limite del 15%, non essendo concorrenziale all'opera. Non possono considerarsi rare le opere di cui esiste, nel catalogo dell'editore, una successiva edizione, né le opere presenti in cataloghi di altri editori o le opere antologiche. Nei contratti di cessione è esclusa, per biblioteche, istituti di istruzione, musei e archivi, la facoltà di cui all'art. 71 - ter legge diritto d'autore. Per permessi di riproduzione diversi dalle fotocopie rivolgersi a *diritti@loescher.it*

Licenze per riassunto, citazione e riproduzione parziale a uso didattico con mezzi digitali
La citazione, la riproduzione e il riassunto, se fatti con mezzi digitali, sono consentiti (art. 70 bis legge sul diritto d'autore), limitatamente a brani o parti di opera,
a) esclusivamente per finalità illustrative a uso didattico, nei limiti di quanto giustificato dallo scopo non commerciale perseguito. (La finalità illustrativa si consegue con esempi, chiarimenti, commenti, spiegazioni, domande, nel corso di una lezione);
b) sotto la responsabilità di un istituto di istruzione, nei suoi locali o in altro luogo o in un ambiente elettronico sicuro, accessibili solo al personale docente di tale istituto e agli alunni o studenti iscritti al corso di studi in cui le parti di opere sono utilizzate;
c) a condizione che, per i materiali educativi, non siano disponibili sul mercato licenze volontarie che autorizzano tali usi. Loescher offre al mercato due tipi di licenze di durata limitata all'anno scolastico in cui le licenze sono concesse:
A) licenze gratuite per la riproduzione, citazione o riassunto di una parte di opera non superiore al 5%. Non è consentito superare tale limite del 5% attraverso una pluralità di licenze gratuite;
B) licenze a pagamento per la riproduzione, citazione, riassunto parziale ma superiore al 5% e comunque inferiore al 40% dell'opera.
Per usufruire di tali licenze occorre seguire le istruzioni su *www.loescher.it/licenzeeducative*
L'autorizzazione è strettamente riservata all'istituto educativo licenziatario e non è trasferibile in alcun modo e a qualsiasi titolo.

Ristampe	11	10	9	8	7
	2029	2028	2027	2026	2025

ISBN 9788820127985

In alcune immagini di questo volume potrebbero essere visibili i nomi di prodotti commerciali e dei relativi marchi delle case produttrici. La presenza di tali illustrazioni risponde a un'esigenza didattica e non è, in nessun caso, da interpretarsi come una scelta di merito della Casa editrice né, tantomeno, come un invito al consumo di determinati prodotti. I marchi registrati in copertina sono segni distintivi registrati, anche quando non sono seguiti dal simbolo ®.

Nonostante la passione e la competenza delle persone coinvolte nella realizzazione di quest'opera, è possibile che in essa siano riscontrabili errori o imprecisioni. Ce ne scusiamo fin d'ora con i lettori e ringraziamo coloro che, contribuendo al miglioramento dell'opera stessa, vorranno segnalarceli all'indirizzo clienti@loescher.it

---

Loescher Editore Divisione di Zanichelli editore S.p.A. opera con Sistema Qualità certificato secondo la norma UNI EN ISO 9001. Per i riferimenti consultare *www.loescher.it*

Garanzie relative alle risorse digitali
Le risorse digitali di questo volume sono riservate a chi acquista un volume nuovo: vedi anche *www.loescher.it/mondo-digitale*
Loescher garantisce direttamente all'acquirente la piena funzionalità di tali risorse. In caso di malfunzionamento compilare il form su *www.loescher.it/help-isw*
La garanzia di aggiornamento è limitata alla correzione degli errori e alla eliminazione di malfunzionamenti presenti al momento della creazione dell'opera. Loescher garantisce inoltre che le risorse digitali di questo volume sotto il suo controllo saranno accessibili, a partire dall'acquisto, per tutta la durata della normale utilizzazione didattica dell'opera. Passato questo periodo, alcune o tutte le risorse potrebbero non essere più accessibili o disponibili.

File per sintesi vocale
L'editore mette a disposizione degli studenti non vedenti, ipovedenti, disabili motori o con disturbi specifici di apprendimento i file pdf in cui sono memorizzate le pagine di questo libro. Il formato del file permette l'ingrandimento dei caratteri del testo e la lettura mediante software screen reader. Per le informazioni su come ottenere i file scrivere a *clienti@loescher.it*

Soluzioni degli esercizi e altri svolgimenti di compiti assegnati
Le soluzioni degli esercizi, compresi i passaggi che portano ai risultati e gli altri svolgimenti di compiti assegnati, sono tutelate dalla legge sul diritto d'autore in quanto elaborazioni di esercizi a loro volta considerati opere creative tutelate, e pertanto non possono essere diffuse, comunicate a terzi e/o utilizzate economicamente, se non a fini esclusivi di attività didattica.

Diritto di TDM
L'estrazione di dati da questa opera o da parti di essa e le attività connesse non sono consentite, salvi i casi di utilizzazioni libere ammessi dalla legge. L'editore può concedere una licenza. La richiesta va indirizzata a *tdm@loescher.it*

Coordinamento editoriale: Chiara Romerio
Coordinamento redazionale: Francesca Asnaghi
Progetto grafico e impaginazione: Laura Rozzoni
Redazione: Sara Porreca
Illustrazioni: Filippo Pietrobon
Ricerca iconografica: Maurizio Dondi
Cartografia: Studio Aguilar
Stampa: Sograte Litografia s.r.l. - Zona industriale Regnano - 06012 Città di Castello (PG)

Questa **nuova edizione** di "Un giorno in Italia 1", ampiamente rinnovata e arricchita, è frutto, ancor più che del nostro lavoro, dei preziosi consigli e suggerimenti dei tanti insegnanti che lo hanno usato e a cui va il nostro sincero ringraziamento. La **suddivisione in più volumi** (**A1 A2 B1 B2**) risponde alla necessità di una più precisa definizione dei livelli di destinazione, nella prospettiva del Quadro Comune Europeo.

Il manuale di livello A1 inaugura un **nuovo viaggio** in Italia tra lingua, cultura, città, luoghi e persone. Un'occasione per immergersi in atmosfere italiane attuali, imparando la lingua del **contatto** e dei **primi bisogni**.
Questo primo volume, composto di **dieci unità**, include solo alcune tappe di un percorso che prosegue nei volumi successivi.
Milano: dinamismo e modernità produttiva, moda e design.
La pianura Padana con la sua natura, le sue città e i tanti prodotti di eccellenza.
E poi Bologna: città di storia e cultura, ma anche di buon cibo e piacere della vita.
E infine il mare, l'Adriatico: ombrelloni, acqua, sole e sale.
Ci accompagna ancora Piero Ferrari che nella realtà fa il controllore, ma nei sogni vorrebbe fare altro. Chissà che non ci riesca prima o poi!

Molte sono le novità introdotte:

- nuovi testi narrativi e autentici
- nuova veste grafica e nuove illustrazioni
- più ascolti, legati a situazioni d'uso quotidiano
- nuovi personaggi e contesti
- più attività comunicative
- più esercizi grammaticali

L'approccio alla grammatica è di tipo **induttivo**: il testo è inteso come territorio di ricerca in cui lo studente si addentra alla **scoperta di regole e regolarità**.
Ma la grammatica è solo la struttura che sostiene e innerva la comunicazione: le tante **attività comunicative** stimolano lo studente **all'uso pragmatico** della lingua in contesto e sono occasioni di pratica e di interazione in **situazioni di uso quotidiano**.
Non ci resta, dunque, che augurarvi buon viaggio in questo nuovo percorso attraverso l'Italia e l'italiano.

Le autrici

SILLABO

LA STORIA	GRAMMATICA	LESSICO E AREE TEMATICHE	FUNZIONI

PRIMA DI TUTTO
 	
p. 2
 	
▸ Conosci l'Italia?
▸ AUDIO Chi parla italiano?
▸ L'ABC dell'Italia
	▸ Alfabeto
	▸ Numeri
	▸ 1ª e 2ª persona del verbo *chiamarsi* al presente indicativo: *mi chiamo / ti chiami*
	▸ 1ª e 2ª persona del verbo *essere* al presente indicativo: *sono / sei*
	▸ Aggettivi di nazionalità al singolare a due uscite (*italiano/a*) e a una uscita (*cinese*)
	▸ L'infinito dei verbi e le tre coniugazioni: -are / -ere / -ire
		▸ Nomi di città e persone italiane, monumenti, personaggi famosi e cose italiane
		▸ Indirizzi e lessico relativo: *via, piazza, corso, largo, viale*
		▸ Il nome, la nazionalità, il Paese e la città di provenienza
		▸ Paesi del mondo e aggettivi di nazionalità
		▸ Formule di prima utilità per l'apprendimento linguistico:
		  ▸ *Come si dice… / si scrive… / si pronuncia?*
		  ▸ *Che cosa significa…?*
			▸ Leggere la cartina di una città
			▸ Comprendere indirizzi italiani
			▸ Chiedere il significato, la pronuncia e l'ortografia di una parola
			▸ Chiedere l'equivalente italiano di una parola straniera
			▸ Fare conoscenza e presentarsi: chiedere e dire il nome e la provenienza

	TESTI SCRITTI E ORALI: Audio: *Chi parla italiano?* **Audio**: *Nomi di persone.* **Audio**: *Indirizzi.* **Audio**: *Piacere, mi chiamo…*		
EPISODIO 1 p. 12 ▸ Milano: Stazione Centrale, ore 8.15 ▸ AUDIO Treno in partenza ▸ Presto, il treno non aspetta! ▸ Ma quando parte?	▸ Sostantivi: numero e genere ▸ Articoli indeterminativi: *un, uno, una, un'* ▸ Presente indicativo del verbo *essere* ▸ *Chi è? Dov'è?* ▸ Preposizioni *a / all' / alle* con orari ▸ *A destra, a sinistra, in fondo, lì, qui*	▸ La stazione: persone, luoghi e servizi ▸ Posizione di cose e luoghi nello spazio ▸ Orari ▸ Partenze: oggetti di uso quotidiano da mettere in valigia (indumenti, oggetti per l'igiene personale)	▸ Chiedere informazioni ▸ Chiedere e dire dove si trovano luoghi e persone ▸ Identificare persone ▸ Chiedere e dire dove si trovano luoghi e servizi in una stazione (il bancomat, la biglietteria ecc.) ▸ Chiedere e dire l'ora ▸ Chiedere e dire a che ora succede qualcosa ▸ Lamentarsi per qualcosa che non va ▸ Attirare l'attenzione, chiedere informazioni, ringraziare e rispondere ai ringraziamenti
	TESTI SCRITTI E ORALI: Audio: *Alla stazione.* **Filastrocca**: *Un libro straordinario* di G. Rodari.		
EPISODIO 2 p. 22 ▸ Dov'è Piero Ferrari e perché non arriva ▸ AUDIO Buongiorno, Piero!	▸ L'infinito delle tre coniugazioni verbali: 3ª persona singolare del presente indicativo ▸ Avverbi di negazione e affermazione: *sì, no, non* ▸ Uso del *tu* e del *lei* ▸ Presente indicativo dei verbi *essere* e *avere* ▸ *Ce l'hai…? Ce l'ho, non ce l'ho.* ▸ *Perché* (causale) ▸ *Secondo* + pronome o nome (*Secondo me…, Secondo Claudio…*)	▸ Saluti e auguri ▸ Stati d'animo e sensazioni ▸ Oggetti domestici ▸ Clima, temperature, fenomeni atmosferici ▸ Città italiane, sigle, punti cardinali e aree geografiche (*centro, nord, sud, est, ovest*)	▸ Offrire, accettare e rifiutare qualcosa ▸ Salutare e fare auguri ▸ Comunicare con un registro formale o informale ▸ Descrivere stati d'animo e sensazioni ▸ Spiegare cause e motivi di alcune azioni ▸ Parlare delle cose possedute ▸ Chiedere e dire l'età ▸ Esprimere un'opinione ▸ Parlare del tempo e delle condizioni climatiche ▸ Leggere una cartina-meteo
	TESTI SCRITTI E ORALI: Audio: *Un incontro.* **Filastrocca**: *La portinaia* di G. Rodari.		

LA STORIA	GRAMMATICA	LESSICO E AREE TEMATICHE	FUNZIONI
EPISODIO 3 p. 37 ▸ Com'è bella Milano d'estate, al mattino! ▸ Binario 3	▸ Aggettivi di 1ª e 2ª classe ▸ Concordanza di aggettivi e sostantivi ▸ Presente indicativo del verbo *andare* ▸ *Scusi / Scusa, come posso* + infinito? ▸ *Devi / Deve* + infinito ▸ *C'è / Ci sono* ▸ Preposizione *in* con mezzi di trasporto: *in autobus, in metro* ecc.	▸ Milano: la città e i suoi luoghi più significativi ▸ Tipi di biglietti ▸ Colori ▸ Caratteristiche fisiche e della personalità ▸ Mezzi di trasporto ▸ Visitare le città (Milano, Roma, Napoli): clima, periodi e stagioni migliori ▸ Giorni della settimana, mesi e stagioni, date	▸ Descrivere ambienti e persone ▸ Chiedere e dare informazioni sui mezzi pubblici ▸ Chiedere e dire che giorno è ▸ Comprare un biglietto ▸ Comprendere testi informativi sulle città tratti da Internet (luoghi, trasporti, clima)
	TESTI SCRITTI E ORALI: Lettura: *Milano si sveglia e va.* **Audio:** *Muoversi in città.* **Lettura:** *Andiamo alla Scala.* **Lettura:** *Biglietto online "Ticketless".* **Audio:** *Dove si comprano i biglietti?* **Lettura:** *Quando visitare le città.* **Poesia:** *Le stagioni* di Roberto Piumini.		
EPISODIO 4 p. 54 ▸ Passeggeri ▸ AUDIO Scusi, ma che lavoro fa?	▸ Presente indicativo dei verbi regolari delle tre coniugazioni ▸ Presente indicativo di alcuni verbi irregolari: *fare, stare, dare, bere, venire, uscire, dire, andare* ▸ Ipotesi della realtà: *Se ho sete, bevo* ▸ Avverbi di frequenza ▸ Pronomi e avverbi interrogativi: *Che?, Chi?, Dove?, Come?, Cosa?, Quando?*	▸ Persone e cose nello scenario di un treno in viaggio ▸ Azioni quotidiane ▸ Parti del giorno e azioni a esse correlate (*la mattina, il pomeriggio, la sera, la notte*) ▸ Il lavoro: mestieri e professioni e loro caratteristiche positive e negative	▸ Descrivere azioni di persone su un treno e in un parco ▸ Parlare delle proprie abitudini, descrivere la propria giornata-tipo ▸ Fare semplici ipotesi legate a condizioni di bisogno ▸ Chiedere e dire la frequenza con cui si fanno azioni abituali e quotidiane ▸ Chiedere e dire che lavoro si fa ▸ Parlare del proprio lavoro e dei suoi aspetti positivi e negativi
	TESTI SCRITTI E ORALI: Pubblicità: AssoBirra. **Canzone:** *E penso a te* di Lucio Battisti.		
EPISODIO 5 p. 68 ▸ Il treno corre ▸ Intanto a Milano... ▸ AUDIO Cosa devo comprare?	▸ Articoli determinativi: *il / lo / l' / la i / gli / le* ▸ Verbi modali al presente indicativo: *volere, dovere, potere, sapere* (nell'accezione di *essere capace, avere l'abilità di...*) ▸ *Vorrei...* (1ª persona del condizionale presente del verbo *volere*, per chiedere cortesemente) ▸ *Mi dia...* (congiuntivo esortativo, 3ª persona singolare del verbo *dare*, per chiedere cortesemente)	▸ L'Emilia Romagna: paesaggio, città e prodotti tipici ▸ La pianura Padana: scenari naturali e attività sportive (*andare in bici*) ▸ Oggetti di uso quotidiano e loro funzione ▸ La spesa: prodotti alimentari, contenitori, pesi, misure, prezzi ▸ Attività e consigli per il tempo libero	▸ Parlare di ciò che si deve o si vuole fare ▸ Parlare delle proprie capacità e abilità ▸ Fare acquisti: chiedere cortesemente qualcosa e chiederne il prezzo ▸ Chiedere e dare consigli sul tempo libero
	TESTI SCRITTI E ORALI: Articolo: *In bicicletta nella pianura Padana.* **Testo da una chat:** *Cosa posso fare?*		

LA STORIA	GRAMMATICA	LESSICO E AREE TEMATICHE	FUNZIONI
EPISODIO 6 p. 82 ▸ Giovani viaggiatori ▸ AUDIO Mio figlio si laurea domani ▸ AUDIO Mi piace anche il gelato...	▸ Aggettivi possessivi ▸ Uso dell'articolo con gli aggettivi possessivi ▸ Usi del verbo *fare* ▸ Mi piace / Mi piacciono ▸ Presente indicativo dei verbi in -isc- (*preferire, pulire, capire, finire*) ▸ Invece	▸ Bambini e giochi ▸ La famiglia, relazioni di parentela ▸ Studi e istruzione: scuola materna, elementare, media e università ▸ Gusti e attività preferite	▸ Parlare della propria famiglia ▸ Parlare delle cose che si possiedono ▸ Esprimere gusti e preferenze ▸ Chiedere e dire che tipo di scuola o che facoltà universitaria si frequenta ▸ Augurare buona fortuna per un esame ▸ Scrivere un breve testo per presentarsi e parlare di ciò che piace, non piace, si preferisce
	TESTI SCRITTI E ORALI: Temi: *Alice, Beatrice e Damiano si presentano.*		
EPISODIO 7 p. 94 ▸ La ragazza con i capelli viola ▸ AUDIO Pronto, Alice?	▸ Verbi riflessivi: presente indicativo delle tre coniugazioni ▸ Pronomi riflessivi ▸ Verbi riflessivi reciproci di più largo uso: *salutarsi, incontrarsi, vedersi* ecc. ▸ Posizione enclitica del pronome riflessivo con verbi all'infinito ▸ Gerundio presente dei verbi regolari delle tre coniugazioni ▸ La forma progressiva: *stare* + gerundio	▸ In treno: passeggeri che si preparano a scendere ▸ L'inizio di una giornata, il risveglio: azioni abituali e quotidiane in ambiente domestico ▸ La cura e l'igiene personale ▸ Oggetti di uso quotidiano e loro funzione ▸ Usi e costumi del proprio Paese rispetto a saluti e convenevoli ▸ Telefonare: formule della conversazione telefonica	▸ Intervistare qualcuno sulle sue abitudini e rispondere a domande analoghe ▸ Confrontare attitudini e abitudini diverse ▸ Fare una telefonata; distinguere una conversazione telefonica di registro formale e informale ▸ Chiedere un favore
	TESTI SCRITTI E ORALI: Messaggi telefonici: *Prepararsi per una festa!*		
EPISODIO 8 p. 106 ▸ Bologna, piazza Grande ▸ Ho trovato un orecchino... ▸ AUDIO Questo è matto!	▸ Forma impersonale ▸ Formazione del participio passato dei verbi regolari delle tre coniugazioni ▸ Passato prossimo dei verbi regolari delle tre coniugazioni ▸ Verbi transitivi e intransitivi ▸ Uso degli ausiliari *essere* e *avere* ▸ Alcuni participi passati irregolari ▸ Espressioni temporali *fa/scorso* (*un mese fa... il mese scorso...*)	▸ Bologna: storia cultura e atmosfere ▸ Vita universitaria e giovanile ▸ Abitudini e stili di vita (*Cosa si fa...*) ▸ Azioni quotidiane al passato	▸ Descrivere una città e le sue caratteristiche ▸ Descrivere usi e abitudini culturali in differenti Paesi ▸ Enunciare sequenze di azioni al passato ▸ Parlare di quello che si è fatto il giorno prima ▸ Raccontare avvenimenti del passato recente: qualcosa che è successo ▸ Collocare eventi nel passato e dire quando è successo o si è fatto qualcosa
	TESTI SCRITTI E ORALI: Articolo: *Bologna la dotta.* **Notizia giornalistica:** *ReUniOn: sessanta incontri con duecento ospiti.*		

LA STORIA	GRAMMATICA	LESSICO E AREE TEMATICHE	FUNZIONI
EPISODIO 9 p. 119 ▸ Si parte per il mare! ▸ Avete già fatto il bagno? ▸ AUDIO La camera di Ulisse ▸ AUDIO Studenti spagnoli a Bologna ▸ L'appartamento di Luis e Faustino ▸ AUDIO Che carino quest'appartamento! ▸ Quindi è lei la ragazza dell'orecchino!	▸ Preposizioni di luogo: *a / in / per / da* (con i verbi *abitare, stare, andare, partire, venire*) ▸ Preposizione *da* semplice e articolata (*a casa di…, allo studio di…, al negozio di…*) ▸ Pronomi diretti di 3ª persona: *lo / la / li / le* ▸ Pronomi e aggettivi dimostrativi: *questo / quello / codesto*	▸ Riviera Adriatica, mare, spiagge, bambini ▸ Negozi e altri luoghi urbani ▸ Albergo: informazioni, caratteristiche, prenotazione ▸ La casa: spazio domestico, arredamento e oggetti ▸ Annunci immobiliari	▸ Chiedere scusa e rispondere alle scuse ▸ Prenotare una stanza in albergo ▸ Descrivere l'ambiente domestico ▸ Situare e collocare oggetti nello spazio ▸ Leggere e comprendere annunci immobiliari ▸ Scrivere un annuncio immobiliare
	TESTI SCRITTI E ORALI: Annunci immobiliari da Internet. **Annunci** da pagina Facebook: *Scambio casa*.		

TRASCRIZIONI P. 134

Il libro continua on line
www.bonaccieditore.it

▸ tutti gli audio
▸ tutte le soluzioni

PRIMA DI TUTTO

Conosci l'Italia?

1. GUARDA E RICONOSCI

Queste sono immagini di monumenti e luoghi famosi di città italiane. Osserva le vignette e abbinale ai nomi delle città.

A. ◯ Milano
B. ◯ Roma
C. ◯ Firenze
D. ◯ Bologna
E. ◯ Napoli
F. ◯ Venezia

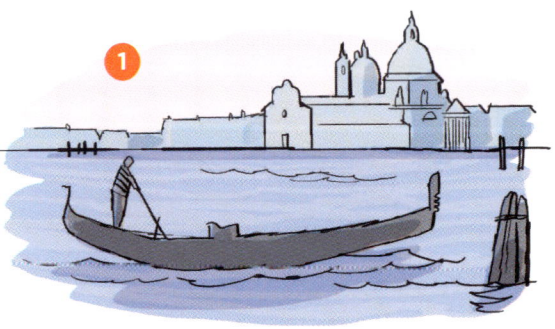

2. AUDIO 2 Chi parla italiano?

In Italia si parla italiano ma si parlano anche tanti dialetti regionali. Ascolta le registrazioni e segna quella in lingua italiana.

◯ 1ª registrazione   ◯ 2ª registrazione   ◯ 3ª registrazione

3. L'ABC DELL'ITALIA

Conosci queste parole? Alcune forse le conosci già. Prova insieme agli altri studenti e con l'aiuto dell'insegnante a capire il significato delle parole che non sai.

Aperitivo • Buongiorno • Cappuccino • Dante • Espresso • Ferrari • Gelato • Hotel • Italia • Lasagne • Mamma • Napoli • Opera • Pizza • Quirinale • Roma • Spaghetti • Torre • Uva • Vespa • Zucchero

4. LA MIA CLASSIFICA

Scegli tre parole che per te rappresentano di più l'Italia.

1° posto

2° posto

3° posto

LA CLASSIFICA DELLA CLASSE

Confronta la tua classifica con quella degli altri e fate una classifica delle parole più rappresentative per la classe.

1° posto

2° posto

3° posto

gioco

5. I SUONI DELL'ALFABETO

L'insegnante lancia la palla a uno studente e dice: B come...
Lo studente deve rispondere con una parola che inizia per B (ad esempio: **B come buongiorno**).
Se non sa rispondere passa la palla ad un altro studente ed esce dal gioco.

B COME... BUONGIORNO!

6. AUDIO 3 Nomi di persona

Ascolta e trascrivi i nomi.

1. _____
2. _____
3. _____
4. _____
5. _____

PRIMA DI TUTTO

7. Completa i nomi delle città e poi colloca li nella mappa.

- BO _ _ GN _
- _ _ LA _ _
- _ O _ _
- P _ _ ER _ _
- _ _ _ _ _ ZE
- V _ NE _ _ _
- _ AP _ _ _

8. AUDIO 4 Indirizzi

Ascolta gli indirizzi e trascrivili accanto all'albergo corrispondente. Colloca ogni albergo nella cartina al posto giusto scrivendo le rispettive lettere negli spazi.

A. Hotel Torino _____
B. Pensione Vittoria _____
C. Albergo della Pace _____
D. Albergo del Sole _____
E. Pensione Aurora _____
F. Hotel Centrale _____

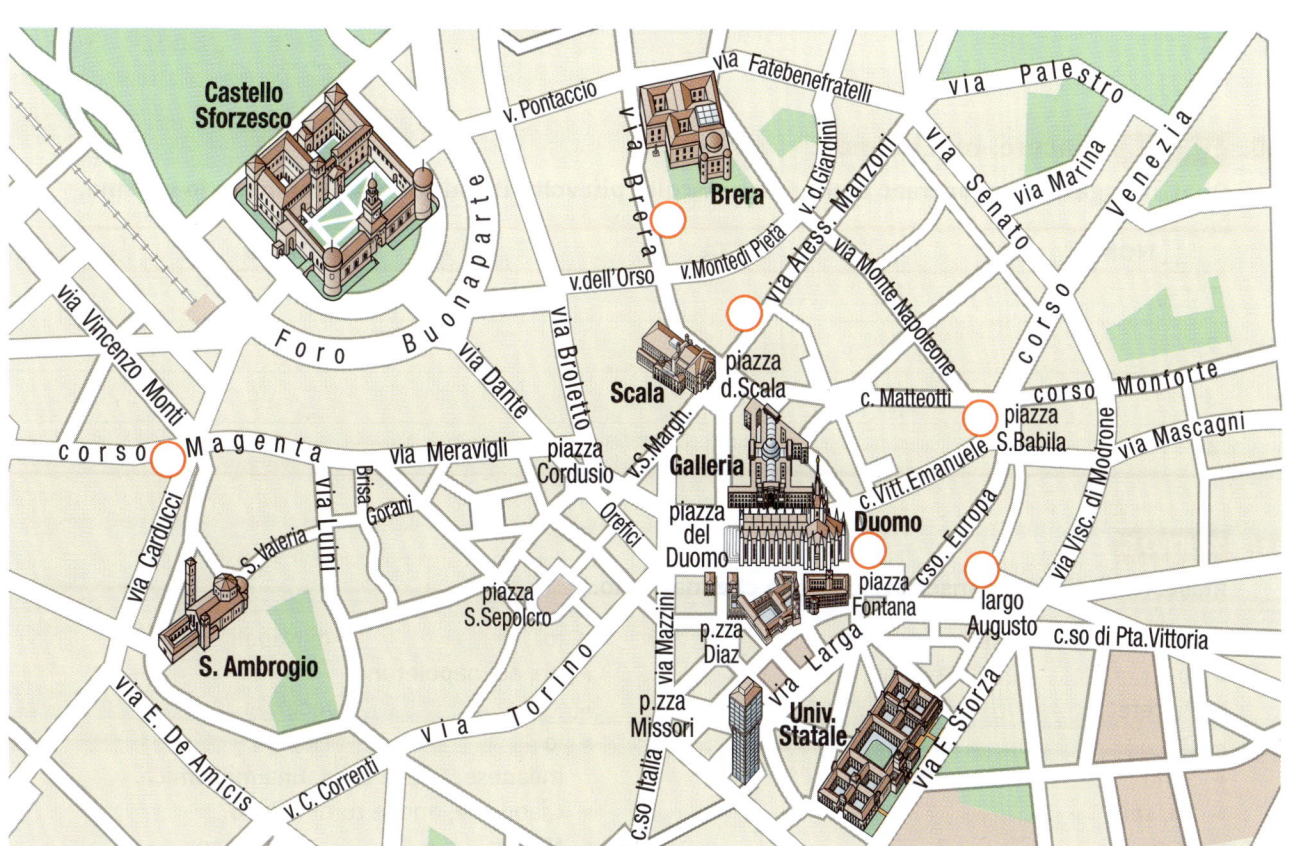

9. LEGGI UNA PIANTINA

Leggi il nome delle vie e cerca quelle che hanno nomi di città italiane.
Vince chi ne trova di più.

10. AUDIO 5 **Piacere, mi chiamo...**

Quattro ragazzi si incontrano a una festa. Ascolta più volte il dialogo e poi completa lo schema.

	NOME	CITTÀ	AGGETTIVO
1			
2			
3			
4			

11. AUDIO 5

Riascolta il dialogo e inserisci le parole che mancano.

▶ Ciao, io ___mi chiamo___ Laura, e _____?
▶ Io _____ Massimo, _____.
▶ Piacere.
▶ Di _____, Laura?
▶ Sono _____ Bologna.
▶ Ah, sei _____!
▶ Sì, e _____?

▶ Io _____ di Napoli.
▶ Ah, sei napoletano!
▶ _____ invece?
▶ Io _____ Davide, _____ milanese. E lei è Livia, una mia amica.
▶ Ciao Livia, anche tu di Milano?
▶ No, no, _____ romana.

6 ▪ PRIMA DI TUTTO

PER COMUNICARE IN ITALIANO

PRESENTARSI

Per chiedere il nome	**Come ti chiami?**
Per rispondere e chiedere il nome dell'altro	Piero, e tu (come ti chiami)? Io **mi chiamo** Lucia Io **sono** Lucia.
Formula di presentazione	**Piacere!** Piacere!
Per chiedere e dire la provenienza	**Di dove sei?** **Sono di** Napoli. (*sono* + *di* + città) **Sono napoletano.** (*sono* + aggettivo di città) **Sono italiano.** (*sono* + aggettivo di nazionalità)

12. **PERSONE NEL MONDO**

Abbina la nazionalità al Paese.

- giapponese • cinese • tunisino • indiano • russo
- tedesco • polacco • greco • messicano • senegalese
- canadese • americano • norvegese • francese
- egiziano • coreano • inglese • australiano
- brasiliano • argentino

MESSICO   GIAPPONE

SONO MESSICAN**O**   SONO GIAPPONES**E**
MESSICAN**A**

1. FRANCIA _____
2. RUSSIA _____
3. CINA _____
4. INDIA _____
5. MESSICO _____
6. CANADA _____
7. AMERICA _____
8. AUSTRALIA _____
9. GRECIA _____
10. GIAPPONE _____
11. ARGENTINA _____
12. SENEGAL _____
13. POLONIA _____
14. GERMANIA _____
15. EGITTO _____
16. BRASILE _____
17. TUNISIA _____
18. INGHILTERRA _____
19. COREA _____
20. NORVEGIA _____

13. Completa gli aggettivi con -O -A -E

1. Jane è american___   John è american___
2. Keiko è giappones___   Ken è giappones___
3. Luisa è italian___   Valerio è italian___
4. Franziska è tedesc___ Franz è tedesc___
5. Leyla è egizian___   Ahmed è egizian___
6. Amina è senegales___   Badara è senegales___
7. Lin è cines___   Sun è cines___
8. Carmen è spagnol___   Pedro è spagnol___
9. Susan è ingles___   Matthew è ingles___
10. Maryse è frances___   Alain è frances___

gioco

14. CHI SEI?

L'insegnante ti dà un cartellino con una nuova identità. Gira per la classe per conoscere gli altri e presentati.

Tomomi — GIAPPONE, OSAKA

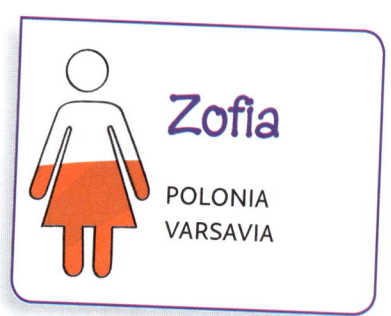

Zofia — POLONIA, VARSAVIA

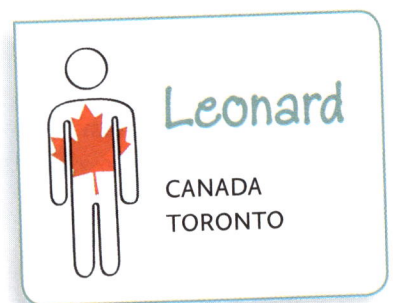

Leonard — CANADA, TORONTO

Paulo — BRASILE, PORTO ALEGRE

David — AMERICA, NEW YORK

Beate — GERMANIA, BERLINO

Fatima — EGITTO, ALESSANDRIA

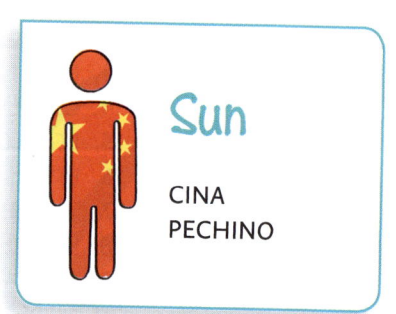

Sun — CINA, PECHINO

Indira — INDIA, NUOVA DELHI

PER COMUNICARE
IN ITALIANO

SE NON LO SAI... CHIEDI!

▸ Quando non sai pronunciare una parola scritta chiedi:
Come si pronuncia?

▸ Quando non sai scrivere una parola che senti chiedi:
Come si scrive?

▸ Quando non capisci una parola o un'espressione chiedi:
Che cosa significa?
oppure:
Cosa significa?
Che significa?

▸ Quando non sai dire una cosa in italiano chiedi:
Come si dice in italiano?

15. PERSONAGGI ITALIANI FAMOSI
COME SI SCRIVE?

A. Formate dei gruppi.
B. Ogni gruppo deve scrivere i nomi di tre personaggi italiani famosi nella storia, nell'arte, nel cinema, nella politica ecc.
Verificare con l'insegnante se i nomi sono scritti correttamente.
C. Ogni gruppo detta agli altri i tre nomi su cui ha lavorato. Per esempio: "Leonardo".
Vince il gruppo che fa meno errori.

16. TOMBOLA *COME SI DICE?*

A. Formate dei gruppi.
B. L'insegnante assegna a ogni gruppo una delle quattro cartelle.
C. Gli studenti devono trovare in tre minuti le parole corrispondenti ai loro numeri. Non devono usare il dizionario ma possono chiedere: «Come si dice il numero (7)?» a persone di altri gruppi o, se nessuno lo sa, all'insegnante.
D. L'insegnante ha preparato venti numeri ed ogni studente a turno estrae un numero e chiede: «Come si dice il numero (5)?». Chi ha il numero 5 nella cartella risponde con la parola corrispondente. Si continua il gioco fino a che uno dei gruppi completa la cartella e vince così la gara.

17. IL MIMO *COSA SIGNIFICA?*

A. Formate dei gruppi.
B. Ogni gruppo ha cinque verbi da mimare, ad esempio il gruppo A deve mimare: *dormire, correre, fumare, mangiare, salutare*. Se nessuno conosce il significato si può usare il dizionario.
C. Gli studenti di un gruppo (ad esempio il gruppo A) chiedono a quelli di un altro gruppo: «Che cosa significa (dormire)?» e continuano domandando il significato dei cinque verbi. Se gli altri conoscono il significato del verbo mimano l'azione e guadagnano un punto. Altrimenti dicono: «Non lo so».
D. Quando tutti i gruppi hanno finito di spiegare-mimare i loro verbi l'insegnante mima alcuni verbi tra quelli già trattati per ogni gruppo e gli studenti devono dire qual è il verbo.
Vince il gruppo che dà più risposte corrette.

A
- dormire
- correre
- fumare
- mangiare
- salutare

B
- bere
- leggere
- camminare
- scrivere
- ascoltare

C
- cucinare
- salire
- scendere
- prendere
- uscire

D
- ridere
- piangere
- mettere
- aprire
- chiudere

E
- aspettare
- entrare
- guardare
- partire
- pagare

Alfabeto italiano							**Lettere straniere**		
A	a	a		N	n	enne	J	j	i lunga
B	b	bi		O	o	o	Y	y	ipsilon / i greca
C	c	ci		P	p	pi	K	k	cappa
D	d	di		Q	q	cu	X	x	ics
E	e	e		R	r	erre	W	w	doppia vu
F	f	effe		S	s	esse			
G	g	gi		T	t	ti			
H	h	acca		U	u	u			
I	i	i		V	v	vu/vi			
L	l	elle		Z	z	zeta			
M	m	emme							

Numeri

1	uno		40	quaranta
2	due		50	cinquanta
3	tre		60	sessanta
4	quattro		70	settanta
5	cinque		80	ottanta
6	sei		90	novanta
7	sette		100	cento
8	otto		200	duecento
9	nove		300	trecento
10	dieci		400	quattrocento
11	undici		500	cinquecento
12	dodici		600	seicento
13	tredici		700	settecento
14	quattordici		800	ottocento
15	quindici		900	novecento
16	sedici		1.000	mille
17	diciassette		2.000	duemila
18	diciotto		3.000	tremila
19	diciannove		10.000	diecimila
20	venti		100.000	centomila
21	ventuno		1.000.000	un milione
22	ventidue		2.000.000	due milioni
28	ventotto		1.000.000.000	un miliardo
30	trenta		2.000.000.000	due miliardi

EPISODIO 1
Milano: Stazione Centrale, ore 8.15

Bar, giornali, pubblicità, tabelloni arrivi e partenze, carrelli con valigie, macchinette automatiche, biglietterie, scale mobili. Un viavai di persone e un altoparlante che annuncia un treno che arriva o che parte dal binario numero…

1. Scrivi il nome delle cose che vedi.

2. AUDIO 6 TRENO IN PARTENZA

Ascolta più volte l'annuncio e segna la risposta corretta.

1.	Il treno è un	○ regionale	○ Frecciarossa	○ Intercity
2.	Il treno parte dal binario	○ 6	○ 4	○ 3
3.	Il treno arriva a	○ Trieste	○ Caserta	○ Salerno
4.	Il treno si ferma a	○ Parma ○ Roma ○ Salerno	○ Bologna ○ Caserta ○ Messina	○ Firenze ○ Napoli ○ Reggio Calabria
5.	Sul treno	○ c'è il ristorante	○ non c'è il ristorante	

PRESTO, IL TRENO NON ASPETTA!

Il treno per Salerno è fermo sul binario 3.
Le porte sono aperte e molte persone salgono:
- una signora molto elegante
- due suore
- un ragazzo con due bambine
- una coppia di anziani
- uno sportivo in tuta
- un'attrice famosa
- un ragazzo con uno strumento musicale
- un gruppo di tifosi
- un uomo d'affari con una valigetta
- una donna africana con un vestito tradizionale
- due turiste giapponesi
- una ragazza con un cagnolino
- tre ragazze con lo zaino (parlano inglese).

3. Cerca nel testo tutti i sostantivi e classificali in maschili e femminili. Trascrivi i sostantivi nello spazio giusto.

MASCHILE	FEMMINILE
treno	porte

EPISODIO 1 • 13

FACCIAMO GRAMMATICA

SOSTANTIVI

• AL SINGOLARE

I sostantivi che finiscono in **-o** di solito sono **maschili**	ragazz**o** tren**o**
I sostantivi che finiscono in **-a** di solito sono **femminili**	ragazz**a** macchin**a**
I sostantivi che finiscono in **-e** possono essere **maschili** o **femminili**	bicchier**e** (m) pesc**e** (m) carn**e** (f) insegnant**e** (m/f)

Attenzione!

Alcuni sostantivi in **-a** sono maschili	problem**a** sistem**a** tem**a**
Alcuni sostantivi in **-o** sono femminili	man**o** radi**o**
I nomi in **-ista** possono essere maschili e femminili	art**ista** music**ista**

▪ AL PLURALE

I sostantivi maschili in **-o** / **-e** / **-a** al plurale terminano in **-i**	ragazz**o** - ragazz**i** can**e** - can**i** mes**e** - mes**i** problem**a** - problem**i**

I sostantivi femminili in **-a** al plurale terminano in **-e**	ragazz**a** - ragazz**e**
I sostantivi femminili in **-e** al plurale terminano in **-i**	class**e** - class**i** stagion**e** - stagion**i**

I sostantivi in **-ista**, che possono essere maschili e femminili, al plurale terminano:

- al maschile in **-i**
- al femminile in **-e**

artist**a** - artist**i**

artist**a** - artist**e**

• INVARIABILI

Sono invariabili al plurale:

le **parole straniere**	l'autobus - gli autobus il bar - i bar
le parole che portano **l'accento sull'ultima sillaba**	la citt**à** - le citt**à** il caff**è** - i caff**è**

le parole femminili che finiscono in **-i**	la cris**i** - le cris**i**

ARTICOLI INDETERMINATIVI

Riguarda il testo *Presto, il treno non aspetta!*.
Come hai potuto notare **un** e **uno** si usano con parole maschili e **una** con parole femminili.

un si usa con parole maschili che iniziano per consonante o per vocale			un **r**agazzo / un **u**omo
uno si usa con parole maschili che iniziano per	**z**		uno **z**io
	s + consonante		uno **sp**ort
	ps / pn*		uno **ps**icologo uno **pn**eumatico
	gn		uno **gn**omo
una si usa con parole femminili che iniziano per consonante			una **do**nna
un' si usa con parole femminili che iniziano per vocale			un'**a**ranciata

* con le parole che iniziano per **pn** si può usare anche l'articolo **un** (un pneumatico)

4. Metti davanti ai sostantivi gli articoli *un / un' / uno / una* e poi trasforma al plurale.

una bottiglia   due bottiglie

_un_	gelato	due gelat_i_	____	panino	due panin____
____	birra	due birr____	____	treno	due tren____
____	giornale	due giornal____	____	specchio	due specch____
____	libro	due libr____	____	opera	due oper____
____	città	due citt____	____	zaino	due zain____
____	caffè	due caff____	____	casa	due cas____
____	borsa	due bors____	____	telefono	due telefon____
____	valigia	due valigi____	____	biglietto	due bigliett____
			____	isola	due isol____
			____	porta	due port____
			____	stazione	due stazion____
			____	annuncio	due annunc____
			____	straniero	due stranier____
			____	amica	due amich____
			____	albergo	due albergh____

MA QUANDO PARTE?

Sono le 8.20.
Le porte automatiche sono chiuse,
ma il treno non parte: perché?
Il macchinista chiede al capostazione: "Ma dov'è il
controllore? Quando arriva il controllore? Siamo in ritardo!"
Il capostazione risponde: "Non lo so... sì, è tardi...
ma dov'è questo... sempre lui... sempre così!"
Il macchinista chiede: "Ma chi è il controllore oggi?"
E il capostazione: "Chi è, chi è... è lui, sempre lui, Ferrari".
Il macchinista: "Ferrari? Piero Ferrari... sempre,
sempre in ritardo... incredibile!"

5. 📖 **Leggi più volte il testo e segna le risposte corrette.**

1. Sono le otto e venti. **V F**
2. Le porte del treno sono aperte. **V F**
3. Il controllore è in orario. **V F**
4. Il capostazione non sa dov'è il controllore. **V F**
5. Il controllore si chiama Paolo Ferrari. **V F**

6. 📖🔍 **Rileggi il testo *Ma quando parte?* e cerca tutte le forme del verbo *essere*. Ora prova a completare lo schema:**

io ___sono___   noi _____
tu ___sei___   voi ___siete___
lei / lui _____ loro _____

7. Completa con le forme del verbo *essere* al presente indicativo.

Il treno delle 8.20 è in ritardo.
Il controllore non ___è___ sul treno. Le porte del treno _____ aperte.
I vagoni di prima classe _____ in testa.
Due ragazze con lo zaino domandano a un signore: "Scusi, perché non parte il treno?"
L'uomo risponde: "Eh!, il treno _____ in ritardo. Ma _____ normale qui in Italia.
Voi non _____ italiane, vero?"
"No, _____ inglesi!"

8. Inserisci *dov'è?* o *chi è?*

1. ▶ ___Dov'è___ la stazione?
   ▶ In fondo a sinistra.
2. ▶ ___Chi è___ Carlo Piersanti?
   ▶ Un amico di Giulia.
3. ▶ _____ Rita?
   ▶ A casa sua.
4. ▶ _____ quella donna?
   ▶ La portiera.
5. ▶ _____ il mio giornale?
   ▶ In salotto, sul tavolino.
6. ▶ _____ Roberto Benigni?
   ▶ Un attore e regista italiano.
7. ▶ _____ Palermo?
   ▶ Al sud, in Sicilia.
8. ▶ _____ il telefono?
   ▶ Dietro la porta.

CHE ORA È? CHE ORE SONO?

sono le 9

sono le 9 **e 10**

sono le 9 **e un quarto**

sono le 9 **e mezza/o**

sono le 9 e 45 *oppure* sono le 10 **meno un quarto**

sono le 10 **meno** 10

è mezzogiorno *oppure* sono le 12

è l'una *oppure* sono le 13

è mezzanotte *oppure* sono le 24

9. CHE ORA È?

Guarda gli orari e prova a dire che ora è.

9.10 — sono le nove e dieci

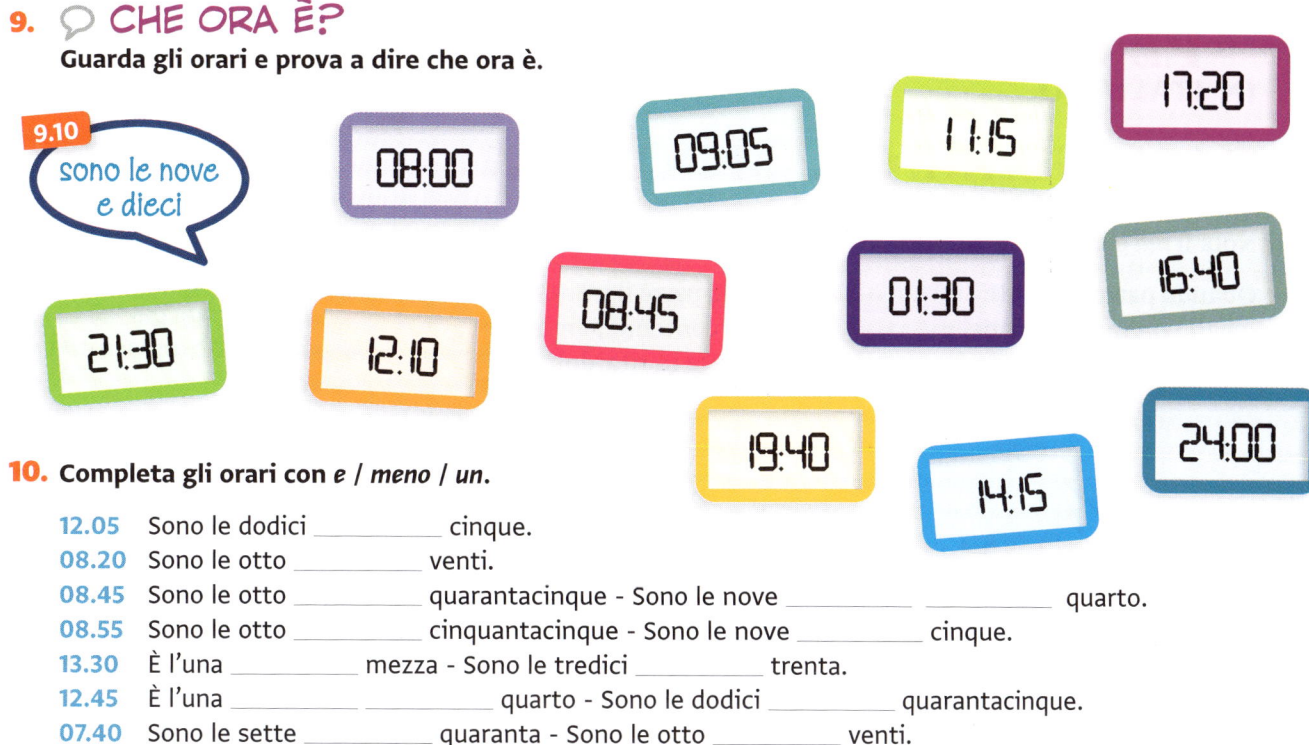

10. Completa gli orari con *e / meno / un*.

- 12.05 Sono le dodici _____ cinque.
- 08.20 Sono le otto _____ venti.
- 08.45 Sono le otto _____ quarantacinque - Sono le nove _____ _____ quarto.
- 08.55 Sono le otto _____ cinquantacinque - Sono le nove _____ cinque.
- 13.30 È l'una _____ mezza - Sono le tredici _____ trenta.
- 12.45 È l'una _____ _____ quarto - Sono le dodici _____ quarantacinque.
- 07.40 Sono le sette _____ quaranta - Sono le otto _____ venti.

PER COMUNICARE IN ITALIANO

CHE ORA È? CHE ORE SONO?

Per domandare l'ora:
Che ora è?
Che ore sono?

Per rispondere:
Sono le otto / **Sono le** nove
È l'una / **È** mezzogiorno / **È** mezzanotte

Nota: tutte le ore del pomeriggio si possono leggere in due modi.
Esempio: 14.30
▸ Sono le **quattordici** e **trenta**.
▸ Sono le **due** e **mezza**.

A CHE ORA?

Per dire a che ora si fa qualcosa, in italiano si usano queste espressioni:

alle otto / nove / dieci / undici / dodici / ecc.
all'   una
a   mezzogiorno / mezzanotte

11. Completa gli orari con *alle / a / all'*.

1. L'aereo parte _____ dieci e un quarto.
2. Il concerto inizia _____ nove.
3. Questo negozio apre _____ otto e mezza e chiude _____ una.
4. La metropolitana chiude _____ mezzanotte.
5. Marco arriva _____ quattro e mezza.
6. Il treno arriva _____ quattro e venti.
7. Vado a mangiare _____ mezzogiorno.
8. La lezione finisce _____ una e mezza.
9. Torno a casa _____ otto.
10. Lo spettacolo finisce _____ undici e mezza.

PER COMUNICARE
IN ITALIANO

DOMANDARE O LAMENTARSI?

Nota il ***ma*** e la diversa intonazione delle due frasi.

Quando parte il treno?
[voglio un'informazione]

Ma quando parte il treno?
[non sono contento perché il treno parte in ritardo]

QUANDO PARTE IL TRENO?
MA QUANDO PARTE IL TRENO?

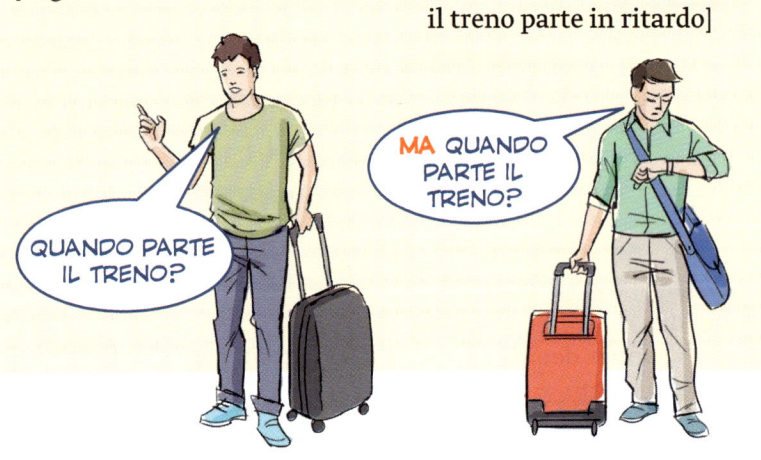

12. QUALCOSA NON VA.
Cosa dici se:

- l'autobus non passa
- l'insegnante non arriva
- l'aereo non parte
- il negozio ancora non apre
- il concerto non inizia
- la lezione non finisce mai
- il tuo amico Marco non arriva
- il dottore non arriva

13. AUDIO 7 **Alla stazione**
Ascolta i dialoghi e segna le risposte corrette.

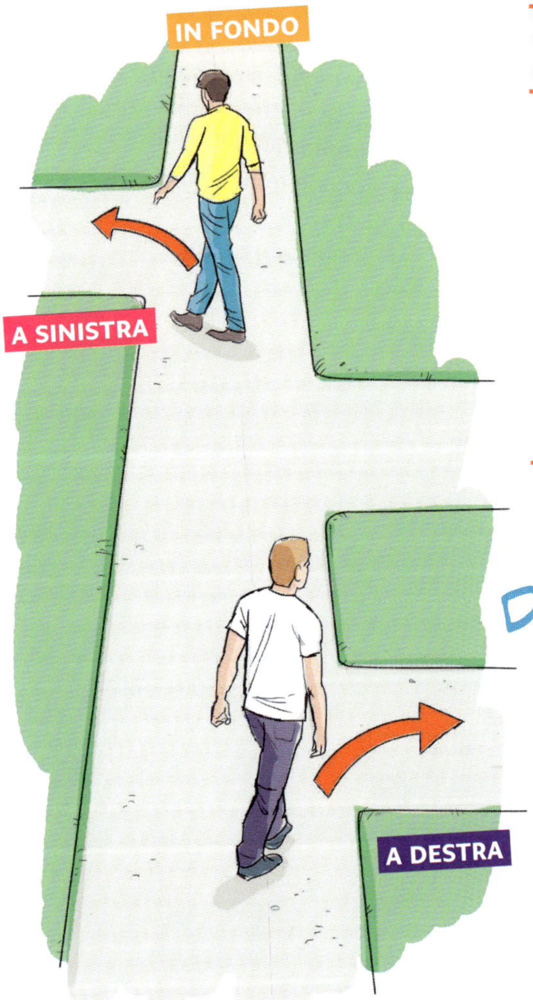
IN FONDO
A SINISTRA
A DESTRA

Cosa domanda?	Persona				
	1ª	2ª	3ª	4ª	5ª
A che ora parte il treno Frecciarossa per Bologna.					
Dov'è il bancomat.					
Dov'è la biglietteria.					
Dov'è il deposito bagagli.					
Se il treno ferma a Firenze.					
Dov'è il binario 3.					
Dov'è il bar.					
Dov'è la carrozza ristorante.					

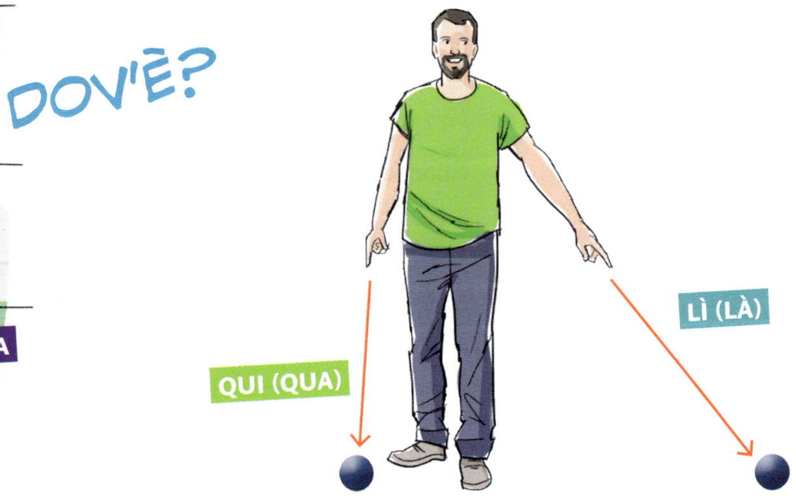
DOV'È?
QUI (QUA)
LÌ (LÀ)

PER COMUNICARE
IN ITALIANO

CHIEDERE INFORMAZIONI

- Per attirare l'attenzione: SCUSI, DOV'È LA STAZIONE?
- IN FONDO A SINISTRA.
- Per ringraziare: GRAZIE!
- Per rispondere ai ringraziamenti: PREGO.

gioco

14. SCUSI...? GRAZIE! PREGO

La classe è divisa in due gruppi: un gruppo fa domande, l'altro gruppo deve rispondere.
Ogni studente gira per la classe con un **cartellino assegnato dall'insegnante**. Il cartellino contiene **una domanda** o **una risposta**. L'obiettivo è di girare tra i compagni facendo domande o dando risposte. Quando due studenti hanno ricomposto la domanda con la risposta giusta devono anche ringraziare, rispondere ai ringraziamenti e tornare a sedere.

DOMANDE

Gira per la classe con la tua domanda e cerca la persona che ha la risposta giusta.
Quando la trovi, rispondi "grazie":

- Scusi, dov'è il bancomat?
- Scusi, dov'è la biglietteria?
- Scusi, a che ora parte il treno Frecciarossa per Napoli?
- Scusi, dov'è il ristorante?
- Scusi, dov'è il deposito bagagli?
- Scusi, a che ora arriva a Roma il treno delle 8.15?
- Scusi, a che ora chiude la metropolitana?
- Scusi, il treno ferma a Venezia?
- Scusi, dov'è il binario 11?
- Scusi, che ore sono?

RISPOSTE

Gira per la classe e rispondi.
Se la domanda non corrisponde alla tua risposta devi dire "non lo so".

- Il treno per Napoli parte alle 8.15.
- Il deposito bagagli è qui a destra.
- Sono le 10.30.
- No, il treno non ferma a Venezia.
- Il ristorante è alla carrozza 5.
- La biglietteria è lì, vicino alle scale mobili.
- Il treno delle 8.15 arriva a Roma alle 11.30.
- Il bancomat è lì a sinistra, vicino al bar.
- La metropolitana chiude a mezzanotte.
- Il binario 11 è in fondo a destra.

15. Abbina a ogni domanda la risposta giusta.

1. (I) Scusi, il treno ferma a Venezia?
2. ( ) Scusi, a che ora chiude la metropolitana?
3. ( ) Scusi, dov'è il deposito bagagli?
4. ( ) Scusi, dov'è il ristorante?
5. ( ) Scusi, dov'è il Bancomat?
6. ( ) Scusi, dov'è il binario 11?
7. ( ) Scusi, che ore sono?
8. ( ) Scusi, a che ora parte il treno Frecciarossa per Napoli?
9. ( ) Scusi, dov'è la biglietteria?
10. ( ) Scusi, a che ora arriva a Roma il treno delle 8.15?

A. Il treno delle 8.15 arriva a Roma alle 11.30.
B. Il deposito bagagli è qui a destra.
C. Il treno per Napoli parte alle 8.15.
D. Il bancomat è lì a sinistra, vicino al bar.
E. Il binario 11 è in fondo a destra.
F. La metropolitana chiude a mezzanotte.
G. La biglietteria è lì, vicino alle scale mobili.
H. Sono le 10.30.
I. No, il treno non ferma a Venezia.
L. Il ristorante è alla carrozza 5.

16. Completa la filastrocca con i seguenti sostantivi:

stazioni   ora
vagoni   ora
uomo   fermate
orario   treni
treno   orario
~~libro~~

Un libro straordinario

Che _libro_ straordinario
l'_____ ferroviario!
Ci sono dentro tutte le _____,
tutti i _____ con tutti i
_____,
con tutte le _____ obbligate:
di ogni _____ ti sa dire
a che _____ deve partire,
a che _____ arriverà
e di dove passerà.
Che _____ straordinario
quello che ha scritto l'_____!
Poco ma sicuro,
conosce il futuro
molto, molto di più
dei profeti del tempo che fu.

(Gianni Rodari, *Filastrocche per tutto l'anno*, Editori Riuniti)

17. COSA METTE IN VALIGIA?

**Ludovica parte per la Costiera Amalfitana.
Cosa mette in valigia? Abbina le parole alle immagini.**

1. un pigiama, mutande e calzini
2. sandali, scarpe da ginnastica e pantofole
3. costumi da bagno, telo da spiaggia e crema solare
4. tre magliette, pantaloni, pantaloncini e un vestito elegante
5. spazzola, profumo, dentifricio e spazzolino
6. due libri e un caricatore per il cellulare

La mia valigia

18. E TU COSA METTI IN VALIGIA?

**Anche tu parti per il mare.
Cosa metti in valigia?
Scrivi una lista.**

EPISODIO 2 — Dov'è Piero Ferrari e perché non arriva

Milano, corso di Porta Ticinese, 18.
Terzo piano, interno 7.

PIERO FERRARI DORME. SOGNA... UNA MACCHINA GRANDISSIMA, CHE PARLA.

LA PORTIERA... LA SIGNORA CATERINA, DOV'È? E QUESTA MACCHINA, COS'È?

BUONGIORNO PIERO FERRARI... COME STA? CAFFÈ? CAPPUCCINO?... CON ZUCCHERO, SENZA ZUCCHERO? SIGNOR FERRARI... SIGNOR FERRARI IL SUO GIORNALE! SONO 2 EURO E 50, GRAZIE! ARRIVEDERLA SIGNOR FERRARI! SIGNOR FERRARI... SONO LE ORE 8.00, LEI È IN RITARDO!

... IN RITARDO, IN RITARDO... SÌ... SONO DAVVERO LE 8.00... È TARDI!

PIERO SI SVEGLIA, SI PREPARA IN FRETTA, PRENDE LA BORSA E CORRE FUORI.

1. 📖 **Leggi più volte il testo e segna le risposte corrette.**

1. Piero abita in un appartamento al secondo piano. **V F**
2. Piero sogna una macchina automatica che parla. **V F**
3. La signora Caterina è la portiera. **V F**
4. La macchina saluta Piero. **V F**
5. La macchina dice a Piero: "Prende un tè?" **V F**
6. La macchina dice a Piero: "Sono tre euro, grazie!" **V F**
7. Piero è in ritardo. **V F**

2. a. 📖 **Rileggi il testo, prova a completare i verbi e osserva le differenze.**

1. Piero non è alla stazione perché **dorm**___ e **sogn**___.
2. Una macchina automatica **parl**___.
3. Piero ha fretta, **prend**___ la borsa e **corr**___ fuori.

b. Prova a formare l'infinito di questi verbi e classificali qui sotto.

-ARE	-ERE	-IRE

c. Ricordi o conosci già altri verbi che puoi classificare in uno dei tre gruppi sotto?

-ARE	-ERE	-IRE

FACCIAMO GRAMMATICA

LE TRE CONIUGAZIONI

In italiano esistono 3 gruppi di verbi che all'**infinito** hanno desinenze diverse:

1° gruppo: verbi in **-are**
CANT**ARE** • PARL**ARE** • CAMMIN**ARE**

2° gruppo: verbi in **-ere**
CORR**ERE** • PERD**ERE** • PREND**ERE**

3° gruppo: verbi in **-ire**
PART**IRE** • DORM**IRE** • SENT**IRE**

▶ Osserva i verbi nel testo e prova a formulare una regola:

alla **terza persona singolare** del presente indicativo i verbi in:
-are finiscono in ___   **-ere** finiscono in ___   **-ire** finiscono in ___

BUONGIORNO, PIERO!

Piero esce di casa, ha fretta, è in ritardo, ma nel cortile incontra come sempre la signora Caterina.
"Accidenti, è sempre qui, niente macchina parlante, è lei..." pensa Piero.
Caterina Monreale è la portiera del palazzo, siciliana, ma vive a Milano da molti anni. Conosce tutti nel palazzo: nonni, zii, bambini, baby-sitter, badanti, amici e amanti... controlla tutto e tutti come un carabiniere ma adora Piero perché è un bravo ragazzo... l'ideale per la sua Milena.

3. AUDIO 8

Ascolta il dialogo e segna i nomi di persona che senti.

- ◯ Marina
- ◯ Milena
- ◯ Paolo
- ◯ Caterina
- ◯ Piero

4. AUDIO 8

Ascolta ancora il dialogo e segna le risposte corrette.

1. La signora Caterina saluta Piero. V F
2. Fa molto caldo. V F
3. La signora Caterina offre a Piero un caffè. V F
4. La signora Caterina porta a Piero un caffè. V F
5. Piero dice che non ha tempo per il caffè. V F
6. Alla fine Piero prende il caffè. V F
7. Il caffè della signora Caterina non è buono. V F

5. AUDIO 8

Ascolta più volte il dialogo e completa.

P.: _____ signora Caterina!
C.: _____ Piero, _____?
P.: Bene, bene _____?
C.: _____ c'è _____! Ma senti che caldo!
P.: Sì, _____ umido! Accidenti, com' _____!
C.: Piero aspetta! Vuoi un caffè? _____... Milena porta il caffè a Piero!
P.: _____, non _____ tempo oggi... _____ in ritardo.
C.: Ma _____!
P.: E va bene... sì, grazie. _____, Milena.
M.: Ciao Piero, _____?
P.: Sì, ma... mmh, ottimo il caffè, come sempre! _____, scappo, _____.
C. e M.: _____ Piero, _____!

PER COMUNICARE
IN ITALIANO

SÌ! NO! NON...

Per accettare qualcosa in italiano si dice: "**sì, grazie**".

Per rifiutare gentilmente in italiano si dice: "**no, grazie**".
Davanti a un verbo, per negare un'azione si dice: "**non + verbo**".

- Vuoi un cioccolatino?
- **Sì, grazie.**

- Hai fame?
- **No, grazie, non** ho fame.

24 • EPISODIO 2

6. **Completa con *no* o *non*.**

   1. ▶ Prendi un caffè? ▶ __No__, grazie, __non__ bevo caffè.
   2. ▶ Vuoi un po' di latte? ▶ _____, grazie.
   3. ▶ Mangi un panino? ▶ _____, grazie, _____ ho fame.
   4. ▶ Vieni con me al bar? ▶ _____, mi dispiace, adesso _____ ho tempo.
   5. ▶ Bevi un bicchiere di vino? ▶ _____ grazie, _____ posso bere alcool.
   6. ▶ Torni a casa in autobus? ▶ _____, in metropolitana.
   7. ▶ Vieni subito da me? ▶ _____, vengo più tardi.

PER COMUNICARE
IN ITALIANO

SALUTI E AUGURI

Ad alcuni saluti si risponde con lo stesso saluto o con un altro saluto.

Agli auguri si risponde con "*anche a te*" o "*grazie!*".

COME VA? COME STAI?

Per rispondere alle domande "*Come va?*" "*Come stai?*" si può dire:

1.  BENISSIMO!
2.  BENE!
3.  NON C'È MALE! / ABBASTANZA BENE
4.  COSÌ, COSÌ / INSOMMA

Abbina le risposte alle immagini e trascrivile nei riquadri.

7. AUDIO 9 Un incontro

Ascolta il dialogo e segna le città e i nomi di persona che senti.

- ○ Milano
- ○ Venezia
- ○ Lecce
- ○ Verona
- ○ Giovanni
- ○ Giuliano
- ○ Ermanno
- ○ Franco

8. AUDIO 9

Ascolta ancora il dialogo e segna le risposte corrette.

1. Franco e Giuliano sono amici.   V   F
2. Ermanno conosce Giuliano.   V   F
3. Franco è a Milano per un concerto.   V   F
4. Giuliano parte subito per Lecce.   V   F
5. Ermanno è di Milano.   V   F
6. Giuliano non conosce Verona.   V   F

9. SALUTARSI

Componi dei minidialoghi con i saluti riorganizzando le frasi: abbina i dialoghi alle situazioni e trascrivi il testo nei fumetti.

1
- A. notte • a • buona • tutti • !
- B. notte • ! • buona

2
- A. stai • ciao, • come • ?
- B. tu • grazie, • e • bene, • ?

3
- A. buon • ciao, • viaggio • !
- B. a • ciao, • presto • !

4
- A. giorno, • come • buon • sta • ?
- B. grazie, • lei • bene, • e • ?
- A. male • c'è • non • .

5
- A. sono • buona • Angela Marchi • sera, • .
- B. prego, • sera, • buona • accomodi • si • .

10. AUGURI!

Cosa dici in queste situazioni? Scrivi sotto a ogni immagine un augurio.

- Buon viaggio!
- Auguri!
- Buon anno!

- Buone vacanze!
- Buon lavoro!
- Buon fine-settimana!

- Buon compleanno!
- Auguri!
- Congratulazioni!

1 Paolo e Francesca si sposano.

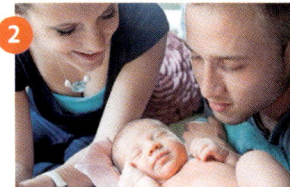
2 Paolo e Francesca hanno un bambino.

3 Marta compie 18 anni.

4 È l'ultimo giorno di scuola.

5 Marta si laurea.

6 Giacomo parte per Londra.

7 Oggi è il 31 dicembre.

8 Oggi è venerdì.

9 Luciana va a lavorare.

11. ARRIVA IL FIORAIO

Separa le parole e forma delle frasi da inserire nelle vignette.

▸ Perchisonoquestifiori?
▸ SonoperlasignoraMarchi.
▸ Ahsonoperme,grazie!Sonobellissimi!Vediamochilimanda.
▸ "Buoncompleannononna!"

12. SALUTI E AUGURI

Completa i dialoghi con le parole o espressioni mancanti.

1 IN UFFICIO

- Insomma • bene
- e tu • come stai
- ciao

▶ _____, Federico, _____?
▶ _____, grazie, _____?
▶ _____...
▶ Perché, qualcosa non va?
▶ Eh sì, il mio capo è insopportabile, è sempre arrabbiato con tutti!

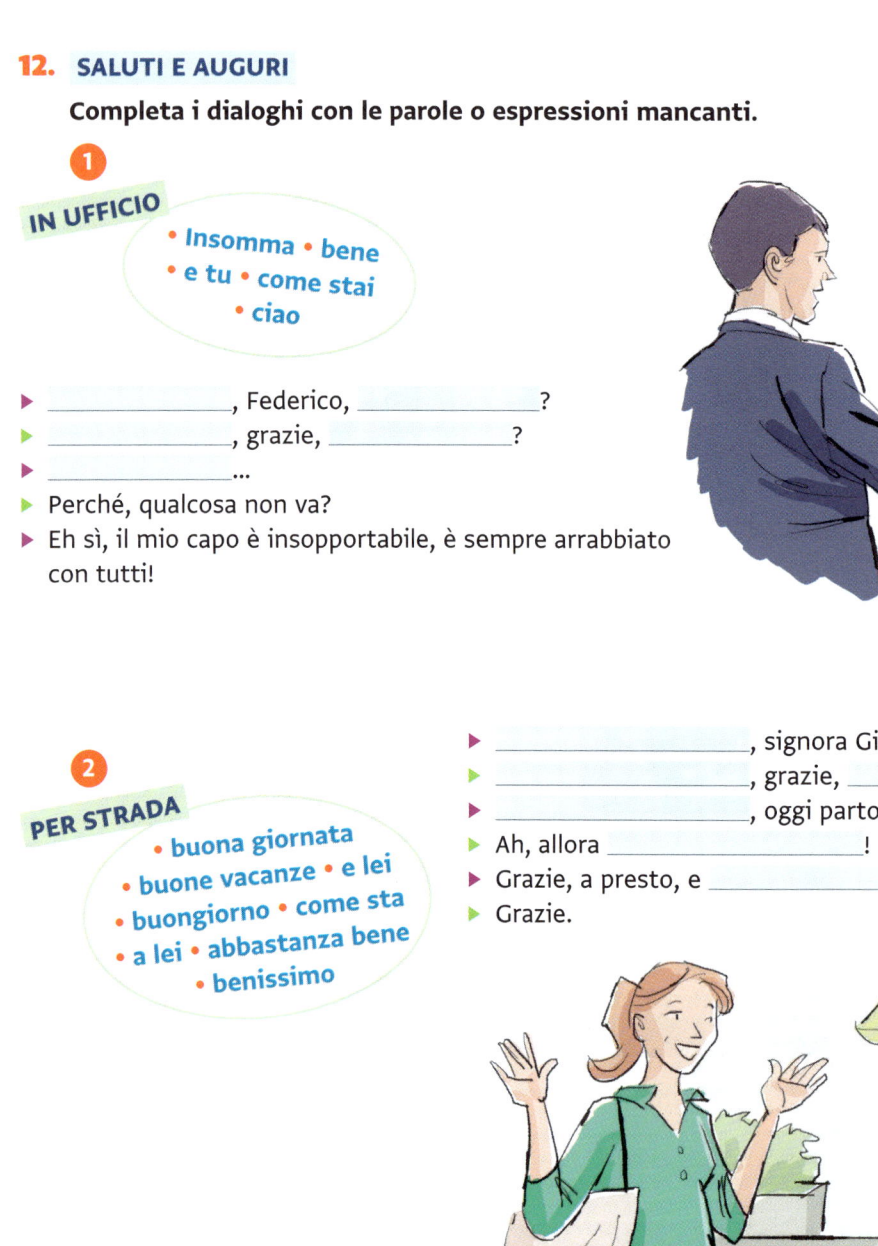

2 PER STRADA

- buona giornata
- buone vacanze • e lei
- buongiorno • come sta
- a lei • abbastanza bene
- benissimo

▶ _____, signora Gilda, _____?
▶ _____, grazie, _____?
▶ _____, oggi parto per le vacanze!
▶ Ah, allora _____!
▶ Grazie, a presto, e _____ anche _____.
▶ Grazie.

3 VICINE DI CASA

- benissimo
- a domani • e tu • buon lavoro • come stai
- bene, grazie

▶ Ciao Daniela, _____?
▶ _____ Teresa, _____?
▶ _____, vuoi un caffè?
▶ No, grazie, oggi non ho tempo!
▶ Vai al lavoro?
▶ Sì, mi dispiace, sono in ritardo.
▶ Va bene, allora _____ e _____!

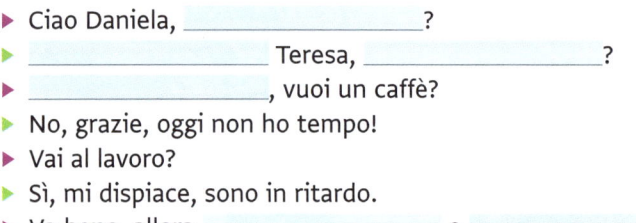

PER COMUNICARE IN ITALIANO

TU O LEI?

- CIAO GIANNI COME STAI?
- BENE, GRAZIE. E TU?
- BUONGIORNO SIGNORA, COME STA?
- INSOMMA DOTTORE, E LEI, COME STA?
- BUONGIORNO PROFESSORESSA, COME STA?
- BENE, LEONARDO, E TU?

Ci sono due modi di comunicare con le persone.
- Con il **tu** per amici, persone di famiglia o altre situazioni non formali.
- Con il **Lei** per persone che non si conoscono o per persone più anziane o semplicemente per esprimere rispetto, ad esempio con il medico.

Infatti Piero conosce Caterina, ma le dà del **Lei**, mentre Caterina risponde con il **tu** perché Piero è molto più giovane ed è cresciuto nel palazzo dove Caterina fa la portiera da molti anni.

13. Prova a reinserire nella filastrocca *La portinaia* le parole mancanti.

La portinaia

Portinaia che fai sul _____?
– Io conto tutte le _____.
Con la _____ tengo a bada
I cani e i _____ della contrada.
Giorno e _____, in ogni momento,
faccio la guardia al casamento:
se la sua pace qualcuno minaccia,
io gli sbatto la porta in faccia.

(Gianni Rodari, *Filastrocche per tutto l'anno*, Editori Riuniti)

gatti

scopa

portone

notte

persone

BISOGNI, SENSAZIONI E STATI D'ANIMO

FELICE
STANCO
ANNOIATO
ESSERE
TRISTE
CONTENTO
ARRABBIATO

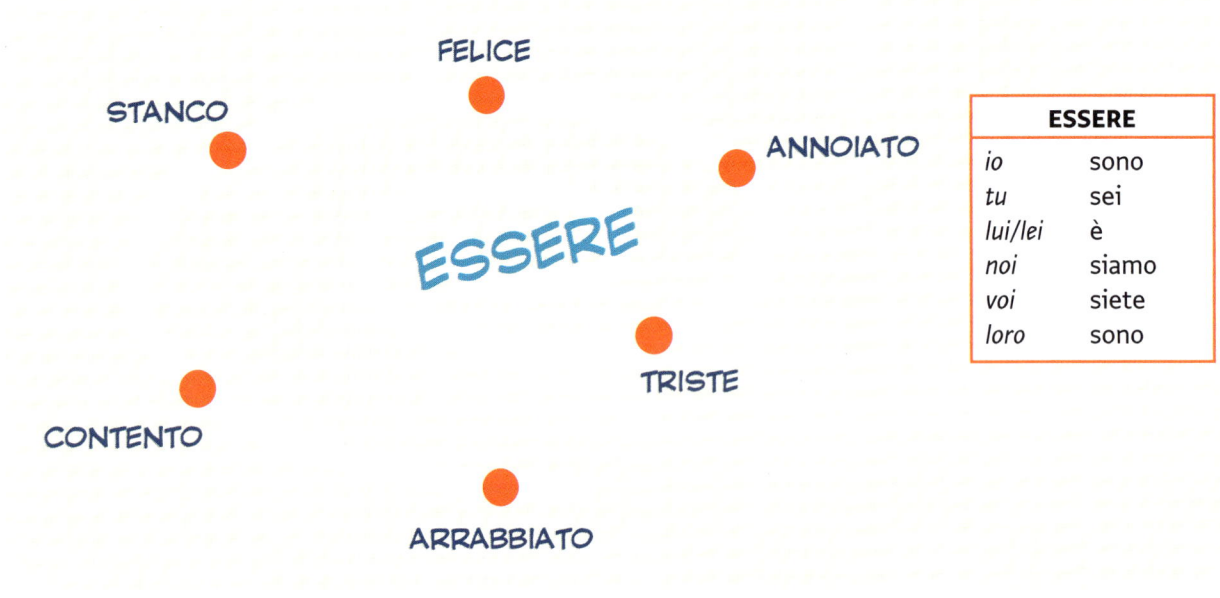

ESSERE	
io	sono
tu	sei
lui/lei	è
noi	siamo
voi	siete
loro	sono

VERBO *ESSERE* + AGGETTIVO

14. **Descrivi le vignette.**

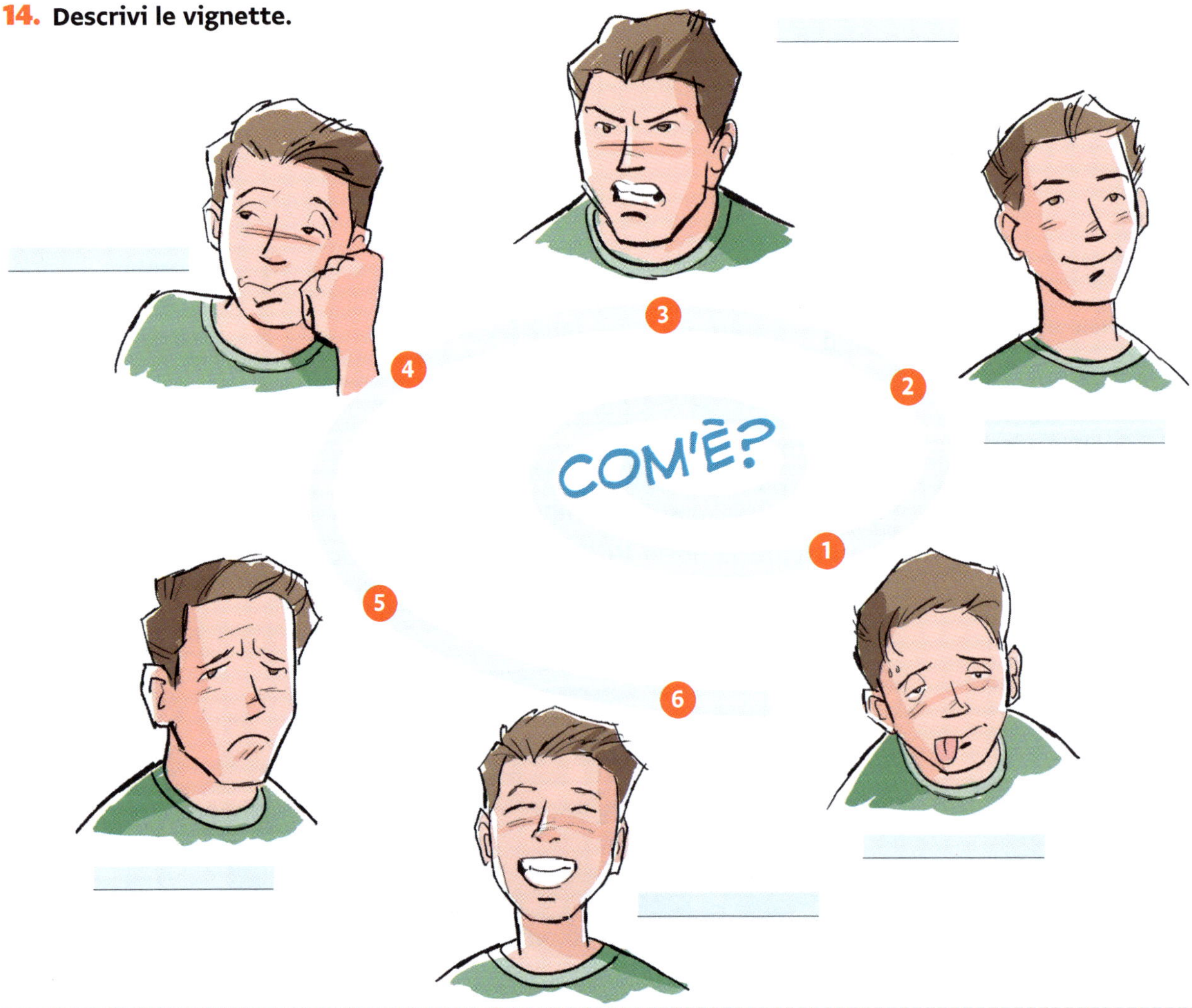
3
4
2
COM'È?
1
5
6

AVERE	
io	ho
tu	hai
lui/lei	ha
noi	abbiamo
voi	avete
loro	hanno

VERBO AVERE + SOSTANTIVO

15. Descrivi le vignette.

COSA HA?

16. ESSERE O AVERE?

Completa le frasi con i verbi *essere* o *avere* al presente indicativo.

1. Io ___sono___ stanco
2. Loro _____ sonno
3. Tu _____ fame
4. Io _____ felice
5. Lei _____ arrabbiata
6. Loro _____ caldo
7. Noi _____ stanchi
8. Lui _____ freddo
9. Voi _____ sete
10. Loro _____ tristi
11. Io _____ caldo
12. Noi _____ paura
13. Lui _____ annoiato

17. Completa i dialoghi con le espressioni mancanti.

1 CHE CALDO!
- ho un ventaglio
- hai l'aria condizionata
- è molto caldo • ho un ventilatore • ho caldo

▶ _____. Perché non apri un po' la finestra?
▶ Perché anche fuori oggi _____.
▶ E tu non _____?
▶ No, _____, ma purtroppo è rotto.
▶ Uffa!
▶ Ah, aspetta, ecco, _____ per te!

2 OGGI NON HO TEMPO!
- ho fretta • hai tempo
- sono sempre solo
- hanno fretta • sei triste
- sono un po' triste

▶ Ciao Gianni, come stai?
▶ Bene, grazie, e tu?
▶ Insomma, _____.
  Ma tu _____ per un caffè?
▶ No, mi dispiace, oggi _____.
  Ma perché _____?
▶ Perché _____, tutti _____, nessuno ha mai tempo per un caffè.

18. Abbina le frasi della colonna A con quelle della colonna B.

A
1. (M) Ho fame
2. ◯ Ho caldo
3. ◯ Sono stanco
4. ◯ Ho sete
5. ◯ Sono felice
6. ◯ Ho freddo
7. ◯ Sono annoiato
8. ◯ Ho fretta
9. ◯ Ho sonno
10. ◯ Sono triste
11. ◯ Ho paura
12. ◯ Sono arrabbiato

PERCHÉ

B
A. mio figlio non vuole studiare.
B. la lezione non è interessante.
C. non ho una ragazza.
D. è tardi.
E. questa zona della città è pericolosa.
F. l'aria condizionata non funziona.
G. la finestra è aperta.
H. lavoro troppo.
I. domani parto per le vacanze.
L. non bevo da molte ore.
M. non mangio da ieri sera.
N. dormo poco.

PER COMUNICARE IN ITALIANO

PERCHÉ...? PERCHÉ...

La parola **perché** in italiano esprime la **causa**.
Si usa per fare domande nelle frasi interrogative, ma si usa anche nelle frasi affermative.

- ▸ **Perché** non vieni al cinema con noi stasera?
- • **Perché** sono stanco.
- ▸ **Perché** studi l'italiano?
- • **Perché** è una lingua bellissima.

19. Completa il testo con le parole mancanti.

• sete • triste • sonno • arrabbiato/a • felice • paura • annoiato/a • fretta • contento/a • ~~fame~~ • caldo

1. Non mangio perché non ho ___fame___.
2. Ho sempre _____ perché dormo poco.
3. Ho _____ perché il ventilatore non funziona.
4. Ho _____ perché fa molto caldo, voglio bere.
5. Ho _____ perché sono in ritardo e ho _____ di perdere il treno.
6. Sono _____ perché oggi è una bella giornata.
7. Sono _____ perché il film non è interessante.
8. Sono _____ perché tutto va bene.
9. Sono _____ perché nessuno mi ama.
10. Sono _____ perché il treno non parte.

20. 💬 **E TU COS'HAI?**

Lavora in coppia, ognuno sceglie una tavola e chiede all'altro se ha gli oggetti raffigurati nella sua tavola.

HAI LA RADIO?
SÌ, CE L'HO.
NO, NON CE L'HO.

A
▲ la macchina
▲ il portatile
▲ la bicicletta
▲ la carta d'identità
▲ il pianoforte
▲ il cellulare
▲ un gatto

B
▲ la vespa
▲ la moto
▲ la radio
▲ il bancomat
▲ un cane
▲ la chitarra
▲ il passaporto

21. Inserisci i verbi *essere* o *avere* al presente indicativo.

1. Stasera non ___ho___ sonno.
2. Laura _____ sempre fame.
3. Io _____ sete, voglio bere qualcosa di fresco.
4. Mio padre non prende l'aereo, _____ paura di volare.
5. I bambini non _____ stanchi, ma io sì.
6. Se (voi) _____ caldo, aprite la finestra.
7. Al mattino, Laura _____ sempre stanca e non _____ fame.
8. Buonanotte, io vado a letto, _____ sonno.
9. Marco _____ arrabbiato con me.
10. Quando (io) _____ annoiato guardo la TV.
11. Voi _____ contenti di capire l'italiano?
12. Per me l'italiano _____ facile.
13. Adesso noi non _____ fame.
14. I verbi _____ difficili.
15. Piero _____ un appartamento nel centro di Milano.
16. Voi _____ caldo oggi?
17. I ragazzi italiani _____ poco indipendenti.
18. Piero _____ un berretto.
19. Al mattino Piero non _____ tempo per mangiare.
20. Piero, il caffè _____ pronto!

PER COMUNICARE
IN ITALIANO

QUANTI ANNI HAI?

Per chiedere l'età   Quanti anni hai?

Per rispondere   Ho 5 anni.

Attenzione: in italiano per dire l'età si usa il verbo *avere* + il numero di anni

22. 💬 QUANTI ANNI HANNO?
Guarda le persone nelle immagini e di' quanti anni hanno. Lavora con un compagno: uno fa la domanda, l'altro risponde.

A. 3 mesi
B. 7 anni
C. 16 anni
D. 30 anni
E. 50 anni
F. 85 anni

MATTEO

ALESSANDRO

GIULIANA

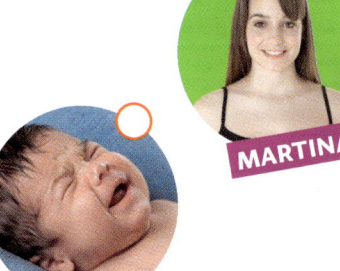
VALERIO / MARTINA

ANTONIO

23. Ricordi Piero, la signora Caterina e sua figlia Milena? Secondo te quanti anni hanno?

SECONDO ME:

Piero _____   La signora Caterina _____   Milena _____

Lavora con un compagno e domanda: *E secondo te?* Confrontate le vostre risposte.
(La soluzione è a p. 138)

PER COMUNICARE
IN ITALIANO

ESPRIMERE UN'OPINIONE

In italiano per esprimere un punto di vista o un'opinione personale si può usare l'espressione "*secondo* + **nome** o **pronome**" (*me, te, lui/lei, noi, voi, loro*).

Secondo te quanti anni ha l'insegnante?
Secondo me ha 35 anni. **Secondo Alex** ha 30 anni.

24. CHE TEMPO FA?

Associa le immagini a queste espressioni.

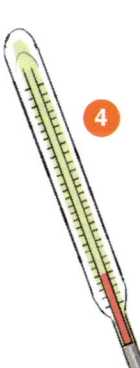

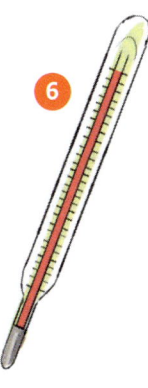

A. ◯ Oggi fa caldo
B. ◯ Oggi fa freddo
C. ◯ Oggi piove
D. ◯ Oggi è sereno / c'è il sole
E. ◯ Oggi è nuvoloso
F. ◯ Oggi c'è nebbia
G. ◯ Oggi tira vento (c'è vento)
H. ◯ Oggi nevica

25. CHE TEMPO FA IN ITALIA?

Questo è il clima in Italia del giorno 7 marzo 2015. Marzo è un mese strano! Normalmente, in Italia, al sud c'è il sole. Guarda la cartina e rispondi alle domande.

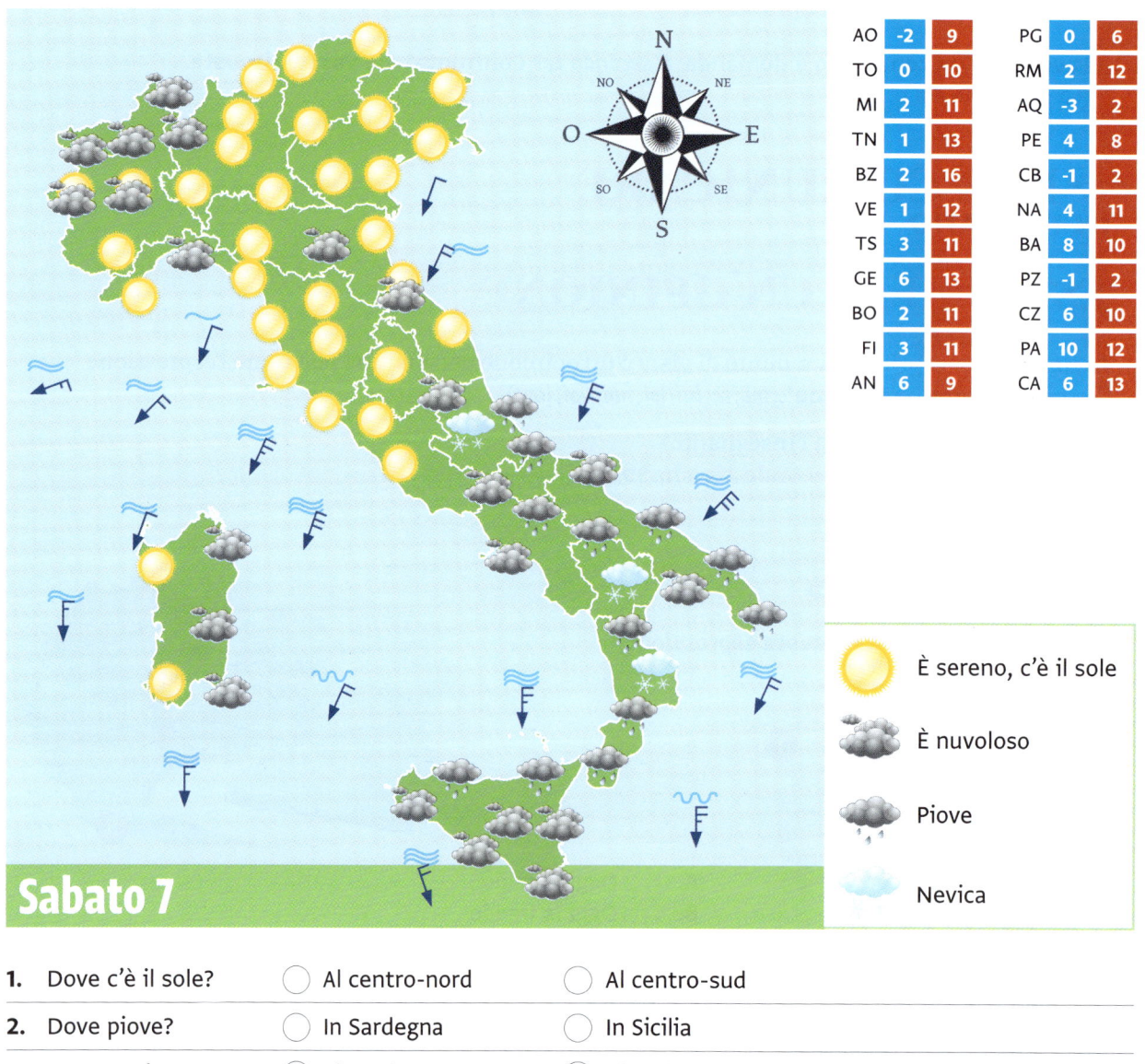

Sabato 7

AO	-2	9	PG	0	6
TO	0	10	RM	2	12
MI	2	11	AQ	-3	2
TN	1	13	PE	4	8
BZ	2	16	CB	-1	2
VE	1	12	NA	4	11
TS	3	11	BA	8	10
GE	6	13	PZ	-1	2
BO	2	11	CZ	6	10
FI	3	11	PA	10	12
AN	6	9	CA	6	13

È sereno, c'è il sole
È nuvoloso
Piove
Nevica

1. Dove c'è il sole? ○ Al centro-nord ○ Al centro-sud
2. Dove piove? ○ In Sardegna ○ In Sicilia
3. Dove nevica? ○ Al nord ○ Al sud

26. CITTÀ E SIGLE

Abbina alle seguenti città le loro sigle:

1. (F) Aosta
2. ○ Torino
3. ○ Milano
4. ○ Venezia
5. ○ Genova
6. ○ Firenze
7. ○ Roma
8. ○ L'Aquila
9. ○ Napoli
10. ○ Potenza
11. ○ Palermo
12. ○ Cagliari

A. RM
B. VE
C. PZ
D. AQ
E. PA
F. AO
G. NA
H. TO
I. MI
L. CA
M. GE
N. FI

27. CHE TEMPERATURA FA?

Lavorate in coppia, guardate il grafico delle temperature e, a turno, ognuno domanda le temperature delle città italiane che sono nella lista dell'esercizio precedente.

— CHE TEMPERATURA FA A MILANO?
— 2° (GRADI) DI MINIMA E 11°(GRADI) DI MASSIMA.

EPISODIO 3 — Com'è bella Milano d'estate, al mattino!

Piero è in ritardo, ma per fortuna la stazione non è lontana per lui che ha una vespa nuova, rossa, veloce e leggera.
Casco, borsa e via, la città è tutta per lui.
Il cielo è sereno e il primo semaforo è verde.
Porta Ticinese, ecco i Navigli con i locali ancora chiusi, vecchie industrie, case popolari e di artisti.
Via Torino, uffici, negozi, i viali alberati, le strade del centro pulite ed eleganti, le case con i balconi liberty pieni di fiori colorati.
Piazza Duomo, la galleria, caffè e fast food: il Duomo, al mattino, sembra ancora più grande nella piazza quasi vuota.
E poi via Manzoni, eleganti negozi di alta moda e di design, piazza della Repubblica, i tram, la metro, via Pisani ed ecco finalmente la stazione.
"Com'è bella Milano! Così vivace, creativa e produttiva...!"
Ma Piero non ha tempo di godersi la città. È tardi! C'è un treno in partenza che aspetta proprio lui, il controllore. Ora deve parcheggiare la vespa e correre al binario 3.

1. 📖 **Leggi il testo e segna il tragitto di Piero sulla cartina.**

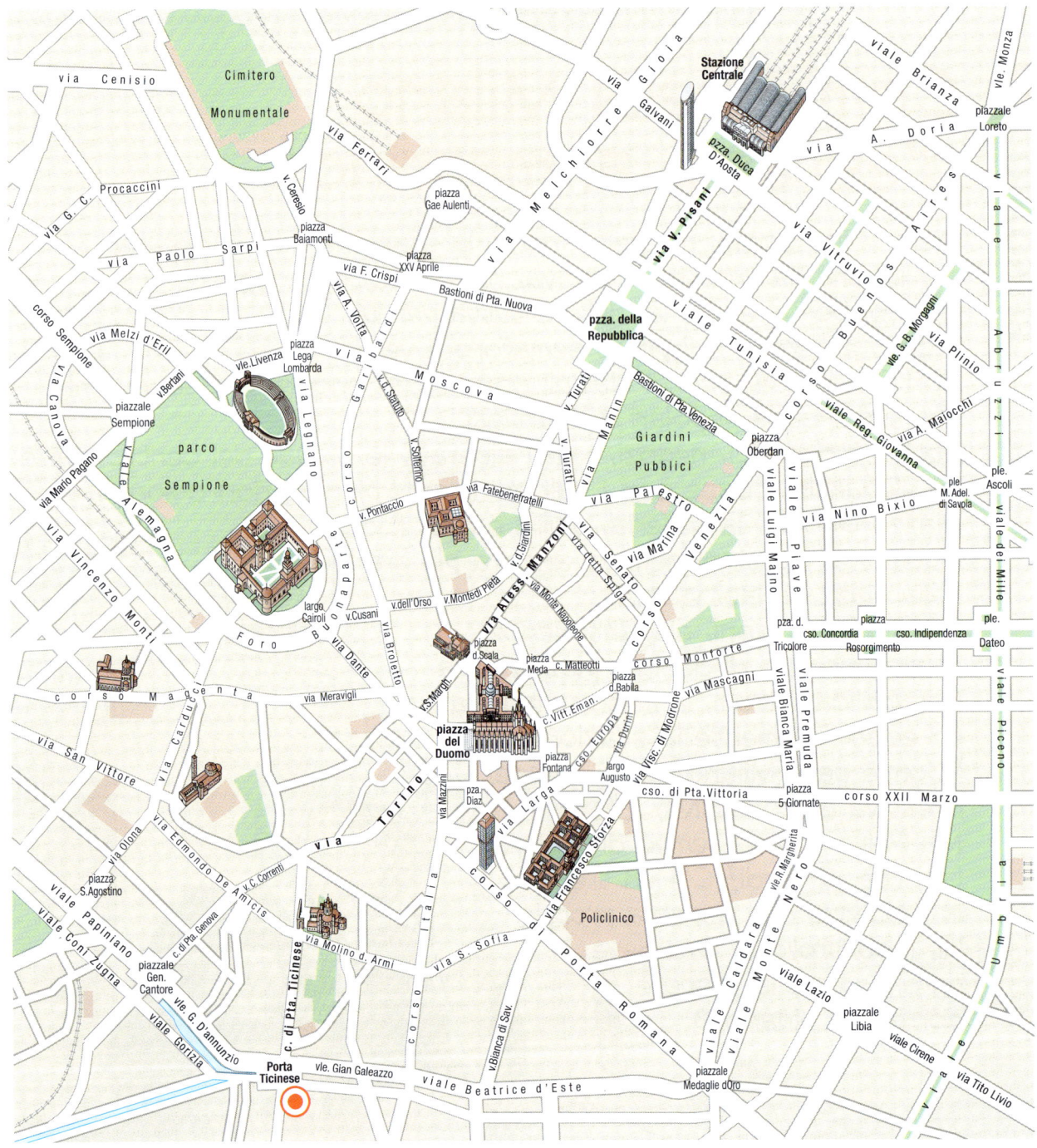

2. 📖 **Leggi più volte il testo e segna la risposta corretta.**

   1. Piero va al lavoro in metropolitana. — V F
   2. A Milano il cielo è nuvoloso. — V F
   3. Lungo i Navigli ci sono locali ancora chiusi. — V F
   4. Le strade del centro di Milano sono sporche. — V F
   5. I balconi liberty sono pieni di fiori. — V F
   6. In Piazza Duomo, al mattino, c'è molta gente. — V F
   7. Via Manzoni è piena di negozi di moda e di design. — V F
   8. A Piazza della Repubblica non c'è la metro. — V F
   9. Milano è una città: ◯ produttiva, ◯ lenta, ◯ vivace, ◯ caotica, ◯ creativa.
   10. Piero è il controllore del treno e deve andare al binario 3. — V F

3. Rileggi il testo e cerca tutti gli aggettivi. Che differenze trovi? Classifica tutti gli aggettivi in due categorie.

ROSS **O** -A -I -E	VERD **E** -I
lontana	

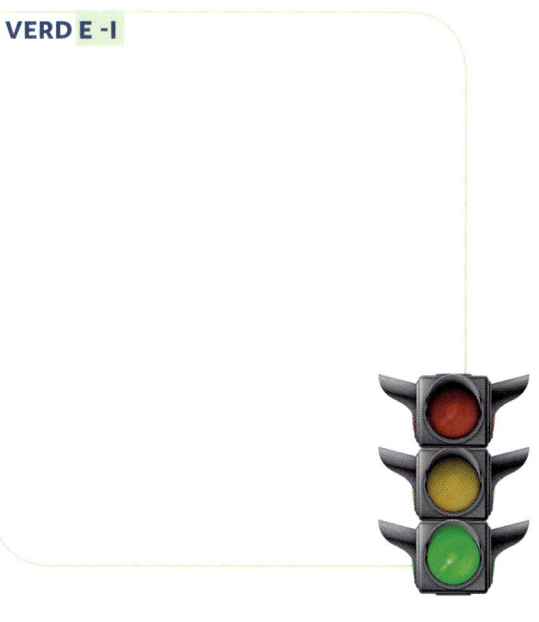

FACCIAMO GRAMMATICA

AGGETTIVI

In italiano ci sono due grandi categorie di aggettivi.

1° GRUPPO:
aggettivi che hanno **forma diversa** per il maschile e il femminile.

| Al **singolare** | il **maschile** termina in **-o** | e | il **femminile** in **-a**. |
| Al **plurale** | il **maschile** termina in **-i** | e | il **femminile** in **-e**. |

2° GRUPPO:
aggettivi che hanno la **stessa forma** per il maschile e femminile.

Al **singolare**   terminano in **-e**
Al **plurale**   terminano in **-i**

1° Gruppo	singolare	plurale	2° Gruppo	singolare	plurale
maschile	rosso	rossi	maschile	verde	verdi
	nuovo	nuovi	e	elegante	eleganti
femminile	rossa	rosse	femminile		
	nuova	nuove			

Nota che tutti gli aggettivi maschili al plurale terminano in **-i**.

Invariabili: aggettivi che non variano in genere o numero.
Hanno la stessa forma per maschile e femminile, singolare e plurale.
Sono di solito colori: rosa, viola, blu.

4. DI CHE COLORE È? DI CHE COLORE SONO?

Scrivi di che colore sono le cose elencate.

1. Il semaforo _è rosso_.
2. Il sole _____.
3. Il mare _____.
4. La banana _____.
5. L'arancia _____.
6. Il vino _____.
7. Il latte _____.
8. Il fumo _____.
9. Le fragole _____.
10. L'erba _____.
11. Le foglie _____.
12. Il limone _____.
13. La terra _____.
14. I pomodori _____.
15. La bandiera del tuo Paese _____.

5. COM'È?

Osserva i personaggi delle foto e abbina a ognuno uno o più aggettivi tra quelli sotto.

• elegante • magro/a • alto/a • biondo/a • giovane • sportivo/a • anziano/a • allegro/a • basso/a • interessante • moro/a • simpatico/a

6. Concorda gli aggettivi con i nomi (-o, -a, -e).

1. Un uomo interessant_e_.
2. Una ragazza giovan____.
3. Una birra fresc____.
4. Un posto liber____.
5. Una donna alt____.
6. Un uomo pover____.
7. Una ragazza elegant____.
8. Un bambino piccol____.
9. Una donna intelligent____.
10. Un uomo intelligent____.
11. Un lavoro noios____.
12. Un dolce italian____.
13. Una parola ingles____.
14. Una persona simpatic____.

7. Trasforma al plurale.

1. Un ragazzo intelligente. Due _ragazzi intelligenti_.
2. Una ragazza intelligente. Due _____.
3. Una persona creativa. Due _____.
4. Una città bella. Due _____.
5. Un viale alberato. Due _____.
6. Un bar nuovo. Due _____.
7. Un quartiere popolare. Due _____.
8. Un signore milanese. Due _____.
9. Una signora milanese. Due _____.
10. Un vestito elegante. Due _____.
11. Una borsa elegante. Due _____.
12. Un bravo insegnante. Due _____.
13. Una brava insegnante. Due _____.
14. Un palazzo moderno. Due _____.
15. Una strada stretta. Due _____.
16. Una macchina veloce. Due _____.

8. Completa gli aggettivi con le vocali giuste.

1. Piazza Duomo è central____.
2. Piazza Duomo e Piazza San Babila sono central____.
3. La Scala di Milano è un teatro famos____ e important____.
4. La Scala di Milano e il San Carlo di Napoli sono teatri famos____ e important____.
5. Milano è un'important____ città italian____.
6. Milano e Torino sono due important____ città italian____.
7. "L'ultima cena" è un quadro famos____ di Leonardo da Vinci.
8. "L'ultima cena" e "La Gioconda" sono due quadri famos____ di Leonardo da Vinci.
9. Giorgio Armani è un grand____ stilista italian____.
10. Dolce & Gabbana sono due grand____ stilisti italian____.

9. Completa con un aggettivo tra quelli elencati.

• vecchio • magra • goloso • egoista • taciturno • milanese • biondo
• settentrionale • grasso • ~~giovane~~ • napoletano • moro

1. Ha 18 anni: è _giovane_.
2. Ha 85 anni: è _____.
3. È di Napoli: è _____.
4. È di Milano: è _____.
5. È del nord: è _____.
6. Ha i capelli scuri: è _____.
7. Ha i capelli chiari: è _____.
8. Mangia sempre dolci: è _____.
9. Pensa solo a se stesso: è _____.
10. Non parla e non fa domande: è _____.
11. È alta e pesa solo 50 chili: è _____.
12. È basso ma pesa 90 chili: è _____.

10. IN GIRO IN CITTÀ

Abbina alle immagini le seguenti espressioni.

1. ◯ In vespa
2. ◯ In moto
3. ◯ In bici
4. ◯ In macchina
5. ◯ In metro
6. ◯ In autobus
7. ◯ In tram
8. ◯ A piedi
9. ◯ In taxi

11. AUDIO 10 Muoversi in città

A Milano, un giornalista intervista alcuni ragazzi per sapere quali mezzi di trasporto usano per andare a scuola. Ascolta le interviste e segna i mezzi di trasporto che usano le persone che parlano.

	bici	vespa	tram	metro	macchina	autobus	a piedi
1ª persona							
2ª persona							
3ª persona							
4ª persona							
5ª persona							
6ª persona							

12. MILANO SI SVEGLIA E VA...

Abbina i testi ai disegni e poi inserisci i titoli negli spazi vuoti.

IN AUTOBUS   IN MACCHINA   IN BICICLETTA

A PIEDI   IN TAXI   IN TRAM   IN METRO

1 TITOLO _____

Milano è piena di cani.
Un vecchio pensionato con un piccolo cocker bianco
e un giovane dog-sitter con tre grossi alani:
"Uffa! Sono già stanco!"

2 TITOLO _____

Dlin… dlin…!! Lungo il viale veloci galleriste,
sportivi, architetti e giornaliste,
professori e studenti
con la borsa a tracolla pedalano contenti.

3 TITOLO _____

Commercianti, agenti, negozianti,
cinesi e milanesi: tutti in coda sulla tangenziale.
È comoda la macchina
ma con il traffico è difficile arrivare… e parcheggiare!

4 TITOLO _____

Tutti in fila alla fermata:
la signora con la spesa è affaticata,
operai, turisti, pensionati
e una famiglia di giovani immigrati.

5 TITOLO _____

Va veloce il tram sulle rotaie,
rallenta alle fermate:
"Avanti signori, lavorate, lavorate!".

6 TITOLO _____

Passeggeri silenziosi e stretti stretti
e un violinista che per pochi centesimi
offre un "buongiorno" e un po' d'allegria.
Poi la porta si apre e lui con un "grazie" va via.

7 TITOLO _____

Borsa di pelle, auricolari, occhiali da sole:
"Alla Fiera!" "Alla Scala!" "Alla stazione!".
Il taxi è il più veloce per ogni occasione.

13. Completa i mini-dialoghi con il verbo *andare* al presente indicativo.

ANDARE	
io	vado
tu	vai
lui/lei	va
noi	andiamo
voi	andate
loro	vanno

1. ▶ Ciao Giorgia, dove ____vai____ ?
   ▶ ____Vado____ in palestra, e voi?
2. ▶ Io _____ in ufficio a piedi e voi?
   ▶ Noi _____ in ufficio in bici.
3. ▶ Tu _____ al cinema stasera?
   ▶ No, forse _____ a teatro.
4. ▶ Alice _____ all'università?
   ▶ No, i suoi fratelli _____ all'università, lei lavora.

5. ▶ Ciao ragazzi, dove _____ ?
   ▶ _____ a giocare a basket.
6. ▶ Vieni con noi al bar, Erika?
   ▶ Non lo so, in che bar _____ di solito?
   ▶ Ah, dipende. Oggi _____ al bar all'angolo.
7. ▶ Dopo pranzo, noi _____ a studiare da Laura, vieni anche tu?
   ▶ No, oggi pomeriggio io _____ in piscina.

14. 💬 **E TU COME VAI...?**

Lavora in coppia con un compagno.
A turno uno fa la domanda e l'altro dà la risposta, come nell'esempio.

- Al lavoro
- A scuola
- All'università
- In vacanza
- A fare la spesa
- A fare shopping
- In centro

TU COME VAI AL LAVORO?
IO VADO AL LAVORO A PIEDI. E TU?
IN AUTOBUS

15. ANDIAMO ALLA SCALA

📖 Leggi attentamente le informazioni sul teatro "Alla Scala" di Milano e poi completa il testo con le parole che mancano.

ticketone.it — Biglietti, Concerti, Spettacolo, Sport & Cultura
Teatro alla Scala MILANO

Eventi ›   Località ›   Ricerca artista o evento   🔍 Cerca   🛒 Carrello   Accedi

Teatro alla Scala MILANO

- Informazioni
- Biglietti
- Immagini
- **Come arrivare**
- Parcheggio
- Accessibilità
- Recensioni

Indirizzo: Teatro alla Scala
Piazza della Scala, 20121 MILANO

Come arrivare con i mezzi pubblici

Il Teatro alla Scala è situato nel centro storico di Milano, in Piazza della Scala, di fronte a Palazzo Marino, sede del Comune.
L'ingresso principale del Teatro è in Piazza della Scala ma gli spettatori con biglietto di galleria dovranno recarsi all'ingresso del Museo Teatrale in Largo Ghiringhelli.
Il Teatro alla Scala è facilmente raggiungibile con i mezzi pubblici.

In metropolitana
Linea M1, fermata Duomo
Linea M3, fermata Duomo o Montenapoleone

In autobus
Linea 61, fermata via Verdi - via dell'Orso

In tram
Linee 1, 2, fermata via Manzoni - piazza della Scala

RECENSIONI

Opinione di Lorenzo, scritta il 28/01/14
★★★★☆

Il teatro più famoso e importante d'Italia non mi ha deluso. Acustica e visuale perfetti, ambiente favoloso e magico. Da provare!

La Scala è un teatro che si trova nel _____ di Milano. È possibile arrivare alla Scala con tutti i mezzi pubblici: in metropolitana, _____, _____.
In _____ con la _____ M1, si deve scendere alla _____ Duomo e con la _____ M3, alla _____ Duomo o Montenapoleone.
L'_____ che va alla Scala è il 61 e la fermata è "Via Verdi-Via dell'Orso".
Ci sono 2 _____ di tram, ma la _____ è sempre "Via Manzoni-Piazza della Scala".

EPISODIO 3 ■ 45

16. SCUSI, COME POSSO ARRIVARE ALLA SCALA?

Osserva la vignetta e costruisci domande e risposte simili.

> SCUSI, COME POSSO ARRIVARE ALLA SCALA?
>
> IN AUTOBUS. DEVE PRENDERE IL NUMERO 61 E SCENDERE ALLA FERMATA "VIA VERDI".

3
- Allo Stadio "San Siro"
- Autobus / numero 24 da piazza "Cordusio"/ capolinea

DOMANDA _____
RISPOSTA _____

1
- Alla Scala
- Metro / linea M1 / fermata "Duomo"

DOMANDA _____
RISPOSTA _____

4
- Alla Borsa, in Piazza degli Affari
- Metro / linea rossa / fermata "Cordusio"

DOMANDA _____
RISPOSTA _____

2
- Alla Pinacoteca di Brera
- Tram / numero 4 / fermata "Via Brera"

DOMANDA _____
RISPOSTA _____

5
- Alla Fiera di Milano
- Metro / linea M3 / fermata "Rho-Fiera Milano"

DOMANDA _____
RISPOSTA _____

17. Ora lavorate in coppia. Immaginate di essere a Milano e recitate i brevi dialoghi. A turno uno studente fa la domanda e l'altro dà la risposta.

PER COMUNICARE
IN ITALIANO

COME POSSO ANDARE..?
CHIEDERE INFORMAZIONI SUI MEZZI PUBBLICI

FORMALE (*LEI*)
- SCUSI, COME POSSO ANDARE IN VIA VERDI?
- IN AUTOBUS. DEVE PRENDERE IL 36 E SCENDERE ALLA FERMATA "VIA VERDI".

INFORMALE (*TU*)
- SCUSA, COME POSSO ANDARE IN VIA VERDI?
- IN AUTOBUS. DEVI PRENDERE IL 36 E SCENDERE ALLA FERMATA "VIA VERDI".

FACCIAMO GRAMMATICA

C'È / CI SONO

C'è + sostantivo singolare
Ci sono + sostantivo plurale

In questa piazza **c'è** il Duomo.
In questa piazza **ci sono** molti piccioni.

18. Inserisci negli spazi *c'è* o *ci sono*.

1. A Milano _____ molti negozi di design.
2. In Piazza Duomo _____ molti piccioni.
3. Nel centro di Milano _____ un quartiere artistico che si chiama Brera.
4. A Brera _____ pizzerie, bar e ristoranti interessanti.
5. In via Verdi _____ "La Scala", un teatro famoso per la lirica.
6. A Milano _____ edifici in stile Liberty.
7. In città non _____ molti parchi.
8. Lungo i Navigli la notte _____ un'atmosfera vivace e giovanile.
9. Di giorno a Milano _____ traffico e non _____ parcheggi.
10. A Milano di giorno o di notte _____ vita!

19. 💬 COSA C'È...?

Lavora in coppia con un compagno e chiedi se nel suo quartiere, nella sua casa e nella sua camera ci sono alcune cose. Segui l'esempio.

> NELLA TUA CASA C'È UN BALCONE?
>
> NELLA TUA CASA CI SONO QUADRI?

NELLA TUA CASA
- balcone
- terrazzo
- doppi servizi
- ascensore
- garage
- portiera
- giardino
- aria condizionata
- animali
- cantina

NELLA TUA CAMERA
- stereo
- computer
- tappeto
- armadio
- ventilatore
- quadri
- poster
- libreria
- tavolo
- fotografie

NEL TUO QUARTIERE
- ospedale
- ristorante esotico
- biblioteca
- cinema
- piscina
- parco
- centro commerciale
- metropolitana
- farmacia
- scuola
- teatro
- grattacieli

20. INDOVINA LA CITTÀ

Ogni studente pensa a una città famosa. Gli altri studenti devono cercare di indovinare di che città si tratta facendo domande alle quali si può rispondere solo con un sì o con un no. Seguite l'esempio.

- È grande? — Sì
- È moderna? — No
- È vicina? — Sì/No
- C'è la metropolitana? — Sì
- C'è un fiume? — Sì
- Ci sono musei famosi? — Sì
- C'è il mare? — No
- Ci sono centri commerciali? — Sì
- C'è il Colosseo? — Sì
- È Roma? — sì!!!

21. DESCRIVI LA TUA CITTÀ

Descrivi la tua città in breve con immagini, suoni o luoghi significativi. Cosa c'è di bello da vedere (musei, monumenti, parchi, locali, vie, piazze ecc.)?

La mia città _____

BINARIO 3

Ore 8.25.
Eccolo Piero Ferrari che corre, corre su per la scala mobile, corre al binario 3 e finalmente sale sul suo treno Frecciarossa Milano-Salerno.
"Buongiorno, sempre in ritardo Ferrari eh!" dice il capostazione e fischia.
Il treno parte.
"Finalmente!" dicono i passeggeri sul treno.
"Ah, finalmente!" dice il macchinista.
"Buongiorno Zanetti, scusa, scusa... ma che caldo oggi, vero?" dice Piero al macchinista e inizia il suo giro lungo i vagoni del treno per controllare i biglietti.

22. Leggi il testo *Binario 3* e scrivi nei fumetti le frasi che dice ogni personaggio.

23. TICKETLESS

Leggi il messaggio e rispondi.

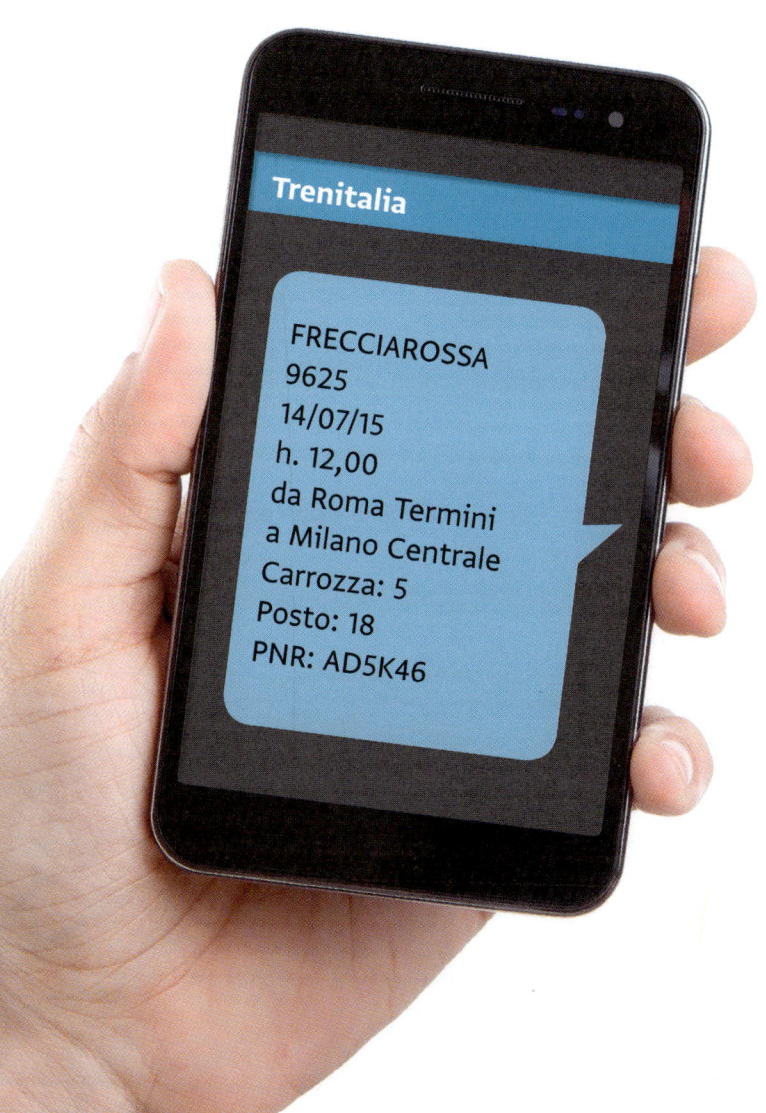

11. Il passeggero viaggia con un treno
    ○ Frecciarossa
    ○ Frecciabianca

12. Il passeggero
    ○ parte da Roma e arriva a Milano
    ○ parte da Milano e arriva a Roma

13. Il passeggero
    ○ parte a luglio
    ○ parte a febbraio

14. Il passeggero ha una prenotazione per
    ○ Carrozza 5 – Posto 18
    ○ Carrozza 18 – Posto 5

24. BIGLIETTI

Guarda i biglietti e scopri a che cosa servono.

- Per viaggiare in treno/aereo/autobus/metro
- Per entrare in un museo
- Per andare al cinema/teatro
- Per dare il proprio nome ed indirizzo

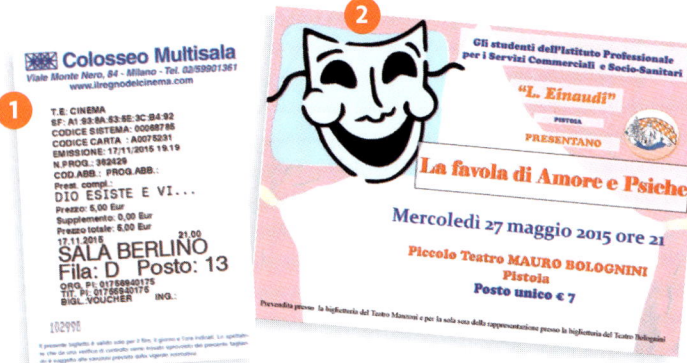

25. a. COMPRIAMO UN BIGLIETTO

Un turista chiede informazioni per comprare un biglietto. Riordina la domanda.

- si • dove • i • comprano • la • scusi • biglietti
- metro • per • ?

_____
_____ ?

b. AUDIO 11 Dove si comprano i biglietti?

Ascolta la risposta e segna tutte le possibilità.

- ○ non lo so
- ○ la metro è gratis in Italia
- ○ dal tabaccaio
- ○ non si comprano
- ○ al bar
- ○ dal giornalaio
- ○ al supermarket
- ○ alla metro

26. Completa il testo con le parole mancanti.

- stazione • prezzi • treni • tabellone • valigia • caro • fermate • posto • binario • partenza
- binario • ritorno • biglietto

Domani Massimo deve andare a Venezia.
Cerca gli orari e i _____ dei treni su internet.
Ci sono due _____ da Milano per Venezia: l'Eurocity e il Frecciabianca.
Il treno Frecciabianca è più _____ del treno Eurocity
perché è più veloce e fa meno _____.
Massimo non ha molti soldi e compra un _____ Eurocity
di andata e _____.
Il giorno dopo, alle 11.20, arriva alla _____ Centrale di Milano.
Non sa da quale _____ parte il treno e cerca il
_____ elettronico dei treni in _____.
L'Eurocity per Venezia parte dal _____ numero 4.
Massimo ha una _____ pesante.
Sale sul treno e cerca il suo _____ per sedersi.
"Finalmente!" dice Massimo, mentre il treno parte.

27. QUANDO VISITARE LE CITTÀ

Leggi i testi, cerca le informazioni e completa.

MILANO

Il periodo migliore per visitare Milano è la primavera e l'inizio dell'estate, in particolare da metà aprile a metà giugno. Anche settembre è un buon mese. Bisogna comunque mettere in conto qualche giornata piovosa in entrambi i periodi.

L'estate può essere molto calda, anche se può regalare alcune giornate accettabili, soprattutto a giugno. Da mettere in conto, in estate e qualche volta a maggio, improvvisi temporali pomeridiani o serali.

ROMA

I periodi migliori per visitare Roma sono le stagioni intermedie, vale a dire da metà aprile a metà giugno e da settembre a inizio ottobre. A giugno il tempo è spesso ottimo, ma qualche volta può fare molto caldo, soprattutto nella seconda metà del mese. Fino all'inizio di maggio può capitare qualche giornata un po' fredda e ventosa, mentre a settembre e ottobre può piovere.

In piena estate, a luglio e agosto, il tempo è in genere buono, ma può fare molto caldo.

NAPOLI

I periodi migliori per visitare Napoli vanno da metà aprile a metà giugno e da fine agosto a inizio ottobre. In entrambi i casi vanno messe in conto alcune giornate piovose, soprattutto da metà aprile a metà maggio e da metà settembre a inizio ottobre. In estate, soprattutto a luglio e agosto, vi possono essere molte belle giornate, non eccessivamente calde, ma in altri casi il caldo può essere intenso e afoso.

da http://www.climieviaggi.it

Il periodo migliore per visitare **Milano** è da metà _____ a metà _____.
Anche _____ è un buon mese.
Anche in primavera e in estate, ci può essere qualche giornata _____.
L'_____ può essere molto calda.
Anche in estate o a _____, qualche volta ci sono temporali il pomeriggio o la sera.

I periodi migliori per visitare **Roma** sono le _____ intermedie.
A _____ il tempo è spesso ottimo, ma nella seconda metà del mese può fare molto _____.
A settembre e ottobre può _____.
A luglio e agosto il tempo è _____ e fa molto _____.

I periodi migliori per visitare **Napoli** sono da metà _____ a metà _____ e da _____ a inizio ottobre.
In estate ci sono molte _____ giornate, non eccessivamente _____, ma a volte il caldo può essere intenso e _____.

28. Rileggi il testo "Quando visitare le città", cerca i nomi dei mesi e completa la lista dei mesi dell'anno.

1. **Gennaio**
2. **Febbraio**
3. **Marzo**
4. _____
5. _____
6. _____
7. _____
8. _____
9. _____
10. _____
11. **Novembre**
12. **Dicembre**

29. 💬 **CHE GIORNO È OGGI?**

Ora leggi le date. Lavorate in coppia, a turno uno fa la domanda e l'altro dà la risposta, come nell'esempio.

14/7/16   20/4/2017   5/8/2018

12/3/2016   3/10/2023   9/7/2032

CHE GIORNO È OGGI?
OGGI È IL 14 LUGLIO 2016

30. LA SETTIMANA PAZZA

Riordina i giorni della settimana. Leggi le frasi e guarda i colori.

Sabato   **G**iovedì   **M**ercoledì

Martedì   **V**enerdì

Lunedì   **D**omenica

ATTENZIONE!!
Il primo giorno è **rosso**
Il secondo è **verde**
Il terzo è **blu**
Il quarto è **arancione**
Il quinto è **viola**
Gli ultimi due sono **fucsia**

1	2	3	4	5	6	7
08.00	08.00	08.00	08.00	08.00	08.00	08.00
09.00	09.00	09.00	09.00	09.00	09.00	09.00
10.00	10.00	10.00	10.00	10.00	10.00	10.00
11.00	11.00	11.00	11.00	11.00	11.00	11.00
12.00	12.00	12.00	12.00	12.00	12.00	12.00
13.00	13.00	13.00	13.00	13.00	13.00	13.00
14.00	14.00	14.00	14.00	14.00	14.00	14.00

EPISODIO 3

31. LE QUATTRO STAGIONI

Inserisci nello spazio giusto il nome delle 4 stagioni.

• estate • inverno • primavera • autunno

32. Completa le frasi con le espressioni elencate.

• in estate / d'estate • in primavera • in autunno • in inverno / d'inverno

IN ITALIA

_____ tutti vanno in vacanza al mare.
_____ le foglie cadono.
_____ fa freddo e nevica.
_____ i prati sono verdi.
_____ le giornate sono più lunghe e il sole tramonta più tardi.
_____ le giornate sono più corte e il sole tramonta più presto.
_____ le piante e gli alberi sono fioriti.

33. 💬 IL PERIODO MIGLIORE PER VISITARE IL MIO PAESE

Lavorate in coppia o in piccoli gruppi. Ogni studente dice qual è il periodo, il mese o i mesi, la stagione o le stagioni per visitare la sua città, la sua regione o il suo Paese.

34. Ecco una poesia sulle stagioni. Completa il testo con queste parole:

• inverno • tosse • estate • fiori • autunno • rosse

Le stagioni

Prima viene primavera
con i _____ sulla pianta,
poi _____ calda e chiara
quando la cicala canta,
poi _____ bruno e quieto
con castagne e foglie _____,
poi _____ infreddolito
con starnuti, gelo e _____.

(Roberto Piumini)

4 Passeggeri

Finalmente il treno è partito, i passeggeri sono quasi tutti seduti. Piero si mette il berretto e il cartellino con il suo nome: "P. Ferrari". Ma prima di cominciare il giro per controllare i biglietti, attraversa tutto il treno e osserva i viaggiatori con curiosità.
Quanta gente oggi!
- due persone che parlano di politica
- un gruppo di tifosi che gridano slogan
- una donna che legge il *Corriere della Sera*
- un bambino che mangia una merendina
- un ragazzo che ascolta Jovanotti a tutto volume
- due signore stanche e sudate che cercano un posto
- un turista americano che porta uno zaino pesante
- un calciatore famoso che beve molta acqua
- una comitiva di amici che scattano dei selfie
- una ragazza che dorme
- un ragazzo africano che parla al cellulare
- un uomo d'affari che apre una valigetta
- una donna che offre cioccolatini al caffè a tutti
- due bambine che giocano e ridono
- un ragazzo che sistema un grosso violoncello
- un carabiniere in piedi che guarda chi passa
- un prete che scrive al computer
- uno studente che prepara un esame

Ogni tanto Piero guarda dal finestrino e ascolta quello che dicono gli altri.

1. 📖 Dopo aver letto il testo, cerca in questo treno i personaggi che corrispondono a quelli che vede Piero.

2. RICORDI CHI VEDE PIERO NEL GIRO IN TRENO?

a. Prova a ricordare qualche personaggio.
b. Ricordi cosa fanno le persone sul treno? Combina le colonne A e B.

A
1. G Uno studente
2. Un uomo d'affari
3. Un prete
4. Due bambine
5. Un turista americano
6. Un gruppo di tifosi
7. Una donna
8. Un ragazzo africano
9. Un carabiniere in piedi
10. Una ragazza

B
A. che guarda chi passa
B. che legge il *Corriere della Sera*
C. che gridano slogan
D. che scrive al computer
E. che apre una valigetta
F. che parla al cellulare
G. che prepara un esame
H. che giocano e ridono
I. che dorme
L. che porta uno zaino pesante

3. Rileggi il testo da "due persone che..." fino alla fine. Cerca tutti i verbi al presente indicativo. Trova gli infiniti corrispondenti. Inserisci tutti i verbi nello schema sotto:

1ª CONIUGAZIONE -ARE

parlano, parlare

2ª CONIUGAZIONE -ERE

3ª CONIUGAZIONE -IRE

FACCIAMO GRAMMATICA

PRESENTE INDICATIVO

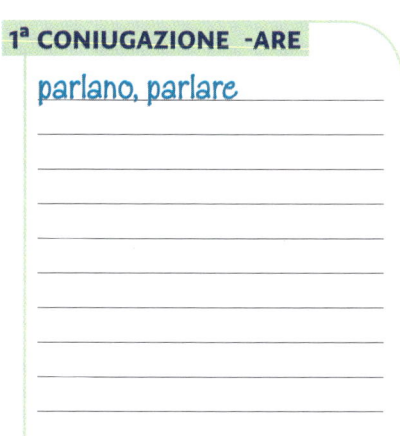
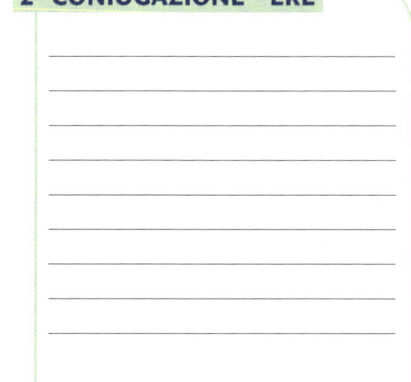

	PARL-ARE	**SCRIV-ERE**	**DORM-IRE**
io	parl-o	scriv-o	dorm-o
tu	parl-i	scriv-i	dorm-i
lui/lei	parl-a	scriv-e	dorm-e
noi	parl-iamo	scriv-iamo	dorm-iamo
voi	parl-ate	scriv-ete	dorm-ite
loro	parl-ano	scriv-ono	dorm-ono

In italiano esistono verbi **regolari** e **irregolari**. Nel testo precedente ci sono due verbi irregolari. Cercali e trascrivili: _____ _____

EPISODIO 4 • 55

4. AL PARCO
Descrivi la scena.

5. COSA FAI SE... ?

Completa con una risposta a scelta.

1. Se hai fame?   Mangio un panino.
2. Se hai sete? _____
3. Se hai sonno? _____
4. Se hai freddo? _____
5. Se hai caldo? _____
6. Se hai paura? _____
7. Se hai fretta? _____
8. Se sei stanco? _____
9. Se sei nervoso? _____
10. Se sei triste? _____
11. Se sei in ritardo? _____
12. Se sei sudato? _____
13. Se sei solo? _____

6. Completa le frasi con il verbo giusto alla 1ª persona singolare del presente indicativo.

- leggere • guardare
- tornare • navigare
- mangiare • ~~prendere~~
- viaggiare • dormire
- lavorare

IO

Prendo un caffè ogni mattina.
_____ in ufficio dalle nove alle cinque.
_____ a casa in metropolitana.
_____ in media 7 ore a notte.
_____ un film in TV.
_____ il giornale ogni giorno.
_____ spesso in Internet.
_____ al ristorante nel fine settimana.
_____ spesso durante le vacanze.

7. Completa i verbi come nell'esempio.

E TU? (INFORMALE)

Cosa prend_i_ la mattina?
Quante ore lavor___?
Torn___ a casa in metropolitana o in macchina?
Quante ore dorm___ in media?
Guard___ la TV?
Legg___ il giornale ogni giorno?
Navigh___ spesso in Internet?
Mang___ spesso al ristorante?
Viagg___ spesso?

E LEI? (FORMALE)

Cosa prend_e_ la mattina?
Quante ore lavor___?
Torn___ a casa in metropolitana o in macchina?
Quante ore dorm___ in media?
Guard___ la TV?
Legg___ il giornale ogni giorno?
Navig___ spesso in Internet?
Mangi___ spesso al ristorante?
Viaggi___ spesso?

8. Completa le frasi con i verbi al presente indicativo.

1. (io - aspettare) _Aspetto_ l'autobus da dieci minuti.
2. In classe (noi - parlare, ascoltare e leggere) _____, _____ e _____.
3. I turisti (comprare) _____ souvenir nei negozi vicino alla stazione.
4. Dove (voi - mangiare) _____ stasera, a casa o fuori?
5. (noi - prendere) _____ l'aereo per New York domani mattina alle 7.00.
6. Perché (tu - guardare) _____ così quella ragazza?
7. Il treno (arrivare) _____ a Palermo alle 9.00.
8. Voi (viaggiare) _____ spesso in treno?
9. Se non ti dispiace stasera io (preparare) _____ la cena e tu (lavare) _____ i piatti.
10. ▶ Cosa (tu - leggere) _____ di bello? ▶ Un libro giallo.
11. ▶ Voi (abitare) _____ vicino alla stazione? ▶ No, (abitare) _____ in periferia.

9. Completa i dialoghi con i verbi al presente indicativo.

① IN TRENO

a. ▶ Scusi, a che ora (partire) _____ il primo treno per Roma?
   ▶ Alle 10.00.
   ▶ E a che ora (arrivare) _____?
   ▶ Alle 12.30.

b. ▶ Scusi, sa a che ora (noi - arrivare) _____ a Firenze?
   ▶ No, mi dispiace! Io (scendere) _____ a Bologna.

EPISODIO 4 ▪ 57

2 FRA AMICI

a. ▶ Che facciamo stasera, (andare) _____ al cinema?
   ▶ No! Il cinema, no! Perché non (organizzare) _____ una cena a casa di qualcuno?
   ▶ Per me va bene. E se va bene per tutti, allora, io (comprare) _____ il vino, Giulia e Marco (fare) _____ la spesa, tu (cucinare) _____, Marcello (apparecchiare) _____ la tavola.
   ▶ E chi (sparecchiare) _____ la tavola, chi (lavare) _____ i piatti, chi (rimettere) _____ a posto la cucina?
   ▶ Beh, questo lo (fare) _____ tutti insieme.

b. ▶ Che cosa (tu - leggere) _____?
   ▶ (Leggere) _____ un articolo.

c. ▶ Che (tu - fare) _____?
   ▶ (Scrivere) _____ un messaggio a Claudia.

d. ▶ Che cosa (studiare) _____?
   ▶ (Studiare) _____ matematica, domani ho l'interrogazione.

3 IN FAMIGLIA

a. ▶ Ragazzi, (tornare) _____ tardi stasera?
   ▶ Sì, non (cenare) _____ a casa.
   ▶ E dove (cenare) _____?
   ▶ (Mangiare) _____ a casa di un amico e poi (andare) _____ in discoteca.

b. ▶ Chi (accompagnare) _____ i bambini a scuola oggi?
   ▶ Se mi (lasciare) _____ la macchina, posso farlo io.
   ▶ D'accordo, allora io (prendere) _____ il tuo motorino.

c. ▶ Che (noi - mangiare) _____ stasera? Non ho nessuna idea!
   ▶ Perché non (preparare) _____ qualcosa di originale?

d. ▶ Ragazzi, (prendere) _____ ancora un po' di gelato?
   ▶ No, grazie!
   ▶ Allora lo (mettere) _____ subito in frigo: fa troppo caldo!

10. Riordina le frasi.

1. Giuseppe • i • non • piatti • mai • lava
   Giuseppe non lava mai i piatti
2. Mario • sera • vado • cinema • al • con • questa
3. sono • molte • sulla • persone • metro • ci
4. oggi • contro • la • gioca • Lazio • Milan • il
5. binario • parte • quale • treno • da • per • Palermo • il • ?
6. libro • questo • molto • sembra • interessante
7. sono • due • liberi • qui • posti • ci
8. ragazzi • conversazione • ascoltate • questa • adesso
9. luglio • a • molto • in • caldo • fa • Italia
10. giro • treno • in • facciamo • l' • attraverso • un • Italia
11. aprire • il • posso • po' • finestrino • un • ?

11. CHI, CHE, COME, DOVE, QUANDO, PERCHÉ...?

Scegli la soluzione corretta:

1. ▶ ○ *Dove* ○ *Quando* abiti? ▶ Abito a Roma.
2. ▶ ○ *Che* ○ *Come* ti chiami? ▶ Mi chiamo Francesco.
3. ▶ ○ *Perché* ○ *Come* studi l'italiano? ▶ Perché è una lingua bellissima.
4. ▶ ○ *Che* ○ *Chi* lingue parli? ▶ Parlo inglese, russo e italiano.
5. ▶ ○ *Chi* ○ *Che* esce con te stasera? ▶ Giovanni e Marta.
6. ▶ ○ *Dove* ○ *Quando* parti per le vacanze? ▶ Parto domani mattina.
7. ▶ ○ *Dove* ○ *Come* vai in vacanza quest'anno? ▶ Vado al mare, in Sicilia.
8. ▶ ○ *Chi* ○ *Che* fai stasera? ▶ Vado al cinema con due amici.
9. ▶ ○ *Quando* ○ *Come* torni a casa? ▶ Torno alle otto e mezzo.
10. ▶ ○ *Quando* ○ *Come* torni a casa? ▶ Torno in autobus.
11. ▶ ○ *Dove* ○ *Perché* non mangi niente? ▶ Non ho fame.

12. Collega le seguenti scene con le parti del giorno.

1. ○ È mattina
2. ○ È sera
3. ○ È notte

 A
 B
 C

13. CHE COSA SUCCEDE LA MATTINA, LA SERA, LA NOTTE?

Metti ogni azione nello spazio giusto.

LA MATTINA...	LA SERA...	LA NOTTE...

- Aprono i negozi.
- Gigi si sveglia.
- Tramonta il sole.
- I pub sono pieni di giovani.
- Giorgio va in discoteca.
- Sorge il sole.
- I bambini vanno a scuola.
- I genitori tornano a casa dal lavoro.
- Molti guardano un film alla TV.
- Luisa fa colazione.
- Luisa si addormenta davanti alla TV accesa.
- Il fornaio impasta il pane per il giorno dopo.
- La signora Lina prepara il pranzo.
- I negozi sono chiusi.
- I bambini dormono.
- Chiudono i negozi.
- I bambini vanno a letto.
- Ceniamo.
- I genitori vanno al lavoro.
- Il cielo è pieno di stelle.
- I ragazzi parlano con gli amici in rete.
- La signora Anna spegne tutte le luci.
- Il semaforo arancione lampeggia.
- Luisa si mette il pigiama.

14. LA GIORNATA DI GUIDO

Abbina ogni frase a una vignetta e coniuga i verbi al presente indicativo.

- mettere a letto i bambini e leggere una favola • tornare a casa • accompagnare i bambini a scuola
- andare al parco a correre • andare in palestra • guardare un film • pranzare al bar con i colleghi
- cenare insieme • sparecchiare • lavare i piatti • ~~uscire di casa~~ • preparare la cena • lavorare in banca
- uscire dalla banca

Guido _esce di casa_

Carla _____

Guido e Carla e i bambini _____

Carla _____

Carla _____

Guido e Carla _____

15. LA MIA GIORNATA TIPICA

Descrivi la tua giornata tipica con orari, attività e abitudini varie.

- La mattina (*dove fai colazione, dove vai, cosa fai*)
- A pranzo (*dove/cosa mangi, con chi*)
- Nel pomeriggio (*cosa fai, dove, fino a quando*)
- La sera (*cosa fai, quando, con chi*)

La mia giornata _____

FACCIAMO GRAMMATICA

ALCUNI VERBI IRREGOLARI

	FARE	STARE	DARE	BERE
io	faccio	sto	do	bevo
tu	fai	stai	dai	bevi
lui/lei	fa	sta	dà	beve
noi	facciamo	stiamo	diamo	beviamo
voi	fate	state	date	bevete
loro	fanno	stanno	danno	bevono

	VENIRE	USCIRE	DIRE	ANDARE
io	vengo	esco	dico	vado
tu	vieni	esci	dici	vai
lui/lei	viene	esce	dice	va
noi	veniamo	usciamo	diciamo	andiamo
voi	venite	uscite	dite	andate
loro	vengono	escono	dicono	vanno

EPISODIO 4

16. Completa i dialoghi con i verbi tra parentesi coniugati al presente indicativo.

A
- Che (*tu - fare*) _____ stasera?
- Non (*io - fare*) _____ niente di speciale, resto a casa perché sono stanco.
- Voi che (*fare*) _____, uscite?
- Sì, (*uscire*) _____ dopo cena, però.
- E chi (*venire*) _____? Ci sono tutti?
- Quasi tutti, (*venire*) _____ Valerio, Claudia, Arianna, Simone, Federico, Francesco…
- E Giulia?
- No, Giulia stasera non (*uscire*) _____ con noi.

B
- Ho sete, (*noi - bere*) _____ qualcosa?
- Sì, volentieri.
- Ti va un bicchiere di coca-cola?
- No, grazie, non (*io - bere*) _____ bibite gassate.
- E allora cosa (*tu - bere*) _____?
- Un succo di frutta, grazie.

C
- A che ora (*tu - uscire*) _____ dall'ufficio?
- Normalmente (*io - uscire*) _____ alle quattro, ma spesso resto fino alle cinque.
- E i bambini a che ora (*uscire*) _____ da scuola?
- Eh, loro (*uscire*) _____ alle 4 e mezzo.

D
- Come (*stare*) _____ i tuoi genitori?
- Mio padre (*stare*) _____ benissimo, ma mia madre ha l'influenza… e voi come (*stare*) _____?
- Per il momento, tutto bene.

E
- Ragazzi, quando (*voi - dare*) _____ l'esame di letteratura inglese?
- La prossima settimana.
- E l'esame di tedesco?
- Quello lo (*noi - dare*) _____ a luglio.

F
- Sai che in questo supermercato, se (*tu - fare*) _____ 100 Euro di spesa, ti (*loro - dare*) _____ un buono sconto di 10 Euro?
- Ah, interessante!

G
- Cosa (*dire*) _____ i ragazzi della nuova scuola?
- Beh, sono molto contenti.

H
- Che (*voi - dire*) _____? Questo vestito mi (*stare*) _____ bene?
- Sì, sì, ti (*stare*) _____ benissimo! Però queste scarpe non (*stare*) _____ bene con il vestito, meglio quelle rosse.

I
- (*Voi - venire*) _____ a casa mia stasera?
- Perché invece non (*venire*) _____ tu da noi?

L
- (*Tu - uscire*) _____ con Laura stasera?
- No, (*io - uscire*) _____ con i miei amici, Laura (*uscire*) _____ con Giulia.

M
- Giorgio, mi (*dare*) _____ le chiavi della macchina?
- Sono sul tavolino bianco, all'ingresso.

17. Completa le frasi con i verbi al presente indicativo.

1. Lucia (*dire*) ___dice___ che il caffè non è buono.
2. Cosa (*voi - bere*) _____ di solito a colazione?
3. Noi (*uscire*) _____ solo il fine settimana, ma Sandra e Paolo (*uscire*) _____ quasi ogni sera.
4. Molti ragazzi (*venire*) _____ a Roma per studiare all'università.
5. ▶ Come (*tu - stare*) _____ ?
   ▶ Bene grazie. E tua moglie come (*stare*) _____ ?
6. Per favore mi (*tu - dare*) _____ il tuo indirizzo e numero di telefono?
7. Tutti (*dire*) _____ che Venezia è meravigliosa.
8. Luigi e Isabella (*fare*) _____ una festa prima di partire.
9. ▶ Quando (*tu - venire*) _____ a Milano?
   ▶ (*Io - venire*) _____ il prossimo fine settimana.
10. Gli insegnanti italiani (*dare*) _____ molti compiti a casa.
11. ▶ Che lavoro (*tu - fare*) _____ ?
    ▶ (*Io - fare*) _____ il giornalista sportivo.
12. Ragazzi, per favore, mi (*dare*) _____ una mano a preparare la cena?

FACCIAMO GRAMMATICA

AVVERBI DI FREQUENZA

EPISODIO 4 ▪ 63

18. QUANDO FAI QUESTE COSE?

Lavora in coppia con un compagno. Intervistalo e cerca di sapere con quale frequenza fa ognuna di queste cose.

	sempre	spesso	qualche volta	raramente	mai
lavare i piatti	○	○	○	○	○
leggere il giornale	○	○	○	○	○
andare al cinema	○	○	○	○	○
mandare e-mail	○	○	○	○	○
uscire con gli amici	○	○	○	○	○
andare a cena fuori	○	○	○	○	○
guardare la TV	○	○	○	○	○
andare all'opera	○	○	○	○	○
fare sport	○	○	○	○	○
andare dal parrucchiere	○	○	○	○	○
scrivere al computer	○	○	○	○	○
navigare in internet	○	○	○	○	○
leggere poesie	○	○	○	○	○
prendere l'aereo	○	○	○	○	○
cucinare	○	○	○	○	○
fare colazione al bar	○	○	○	○	○

SCUSI, MA CHE LAVORO FA?

In treno, arriva un ragazzo con un violoncello. Prima di sedersi, cerca di sistemare lo strumento musicale vicino a lui. Nel posto accanto è seduto un signore sui quarant'anni. Di fronte a loro una signora con un vestito turchese e un uomo con un abito di lino chiaro.

19. AUDIO 12

Ascolta la conversazione e segna le risposte corrette:

1. Il ragazzo porta uno strumento musicale. **V F**
2. Il ragazzo fa il musicista. **V F**
3. Anche il signore lavora nel settore musicale e fa il giornalista. **V F**
4. Il signore cura un programma alla TV. **V F**
5. Il ragazzo e il signore vanno al Ravello Festival. **V F**
6. La signora ha un albergo a 5 stelle. **V F**
7. La signora si presenta e presenta anche suo marito. **V F**
8. Il marito della signora è impiegato in banca. **V F**
9. Il marito della signora ha un pezzo di terra e produce arance. **V F**
10. Il limoncello è una specialità della zona. **V F**

20. CHI FA QUESTE COSE?

Abbina il nome della professione a quello che normalmente fa chi svolge questo lavoro.

1. (G) l'architetto
2. ○ l'insegnante
3. ○ il fotografo
4. ○ l'idraulico
5. ○ il muratore
6. ○ il medico
7. ○ il giornalista
8. ○ l'impiegato
9. ○ il tassista
10. ○ il controllore
11. ○ il cuoco
12. ○ il pizzaiolo

A. scrive articoli
B. controlla biglietti
C. lavora in ufficio
D. ripara rubinetti
E. spiega la lezione agli studenti
F. guida il taxi
G. progetta o arreda case
H. fa fotografie
I. cura i malati
L. fa le pizze
M. costruisce case
N. cucina in un ristorante

21. Scegli nella lista dell'attività precedente qual è secondo te...

- il lavoro più stressante
- il lavoro più faticoso
- il lavoro più creativo
- il lavoro più monotono
- il lavoro più interessante
- il lavoro più utile

Poi confronta e discuti con un compagno.

EPISODIO 4 ▪ 65

PER COMUNICARE IN ITALIANO

CHE LAVORO FAI?

Per chiedere a qualcuno che lavoro fa

CHE LAVORO FAI?

Per rispondere

FACCIO IL GIORNALISTA
FACCIO L'OPERAIO
FACCIO LA DOTTORESSA

(*Faccio* + articolo + professione)

SONO GIORNALISTA
SONO OPERAIO
SONO DOTTORESSA

(*Essere* + professione)

---

22. 💬 **E TU CHE LAVORO FAI? COM'È IL TUO LAVORO?**

In coppia. Scegliete due personaggi. Siete in treno, fate conoscenza e cominciate a parlare del vostro lavoro.

Martina
- Napoli
- Attrice di teatro
- Lavoro creativo, ma poco stabile
- Guadagno insicuro

Alessandro
- Torino
- Operaio
- Lavoro stabile, ma faticoso e ripetitivo
- Stipendio fisso

Francesca
- Modena
- Giornalista free-lance
- Lavoro interessante, ma precario
- Orari flessibili

Luigi
- Venezia
- Impiegato alla Posta
- Lavoro noioso, stipendio fisso, orari fissi
- Stipendio sicuro

Mariangela
- Reggio Calabria
- Avvocato
- Lavoro interessante, ritmi di lavoro stressanti
- Mattina in tribunale
- Pomeriggio allo studio fino alla sera tardi
- Ha poco tempo per la vita privata

Carlo
- Roma
- Insegnante di storia dell'arte in un liceo
- Lavoro interessante, bello il contatto con giovani, ma spesso i ragazzi non sono motivati

Marcello
- Palermo
- Medico
- Lavoro utile e gratificante, orari faticosi in ospedale, lavora spesso anche di notte
- Ha poco tempo per la famiglia

Giulio
- Roma
- Barista
- Lavoro faticoso, orari stressanti, ma interessante il contatto con le persone

Andrea
- Milano
- Cassiere in un supermercato
- Lavoro stressante, orari faticosi
- Spesso lavora anche la domenica

Claudia
- Bari
- Wedding planner
- È divertente organizzare una festa così bella
- È difficile accontentare i clienti e pensare a tante cose (fiori, foto, ristorante ecc.)

Davide
- Siena
- Musicista, violinista
- Lavoro molto bello e creativo, viaggia spesso
- Deve fare pratica per molte ore al giorno e ha poco tempo per i suoi hobby

Valentina
- Firenze
- Guida turistica
- Lavoro interessante
- Contatto con turisti stranieri (parla inglese, francese, spagnolo, russo)

23. CANZONE

Cerca in internet e ascolta più volte la canzone. Poi completa il testo con i verbi mancanti.

E penso a te

Io _____ e penso a te,
_____ a casa e penso a te,
le _____ e intanto penso a te.
Come _____? E penso a te.
Dove _____? E penso a te.
Le _____, abbasso gli occhi e penso a te.
Non so con chi adesso _____,
non so che cosa _____,
ma so di certo a cosa stai pensando...
_____ troppo grande la città
per due che come noi
non _____ però si stan cercando,
cercando...
Scusa _____ tardi e penso a te,
ti _____ e penso a te,
non son stato divertente e penso a te.
_____ al buio e penso a te,
_____ gli occhi e penso a te,
io non _____ e penso a te.

(Lucio Battisti - 1972)

24. QUESTO È AMORE...

Ricordi il testo della canzone? Se hai capito il significato, prova a completare questo testo.

Quando lui lavor___, pens___ a lei.
Mentre torn___ a casa, pens___ a lei.
Telefon___ a un'altra donna, le sorrid___, la accompagn___ e pens___ a lei.
Chiud___ gli occhi, non dorm___ e pens___ a lei.

5 Il treno corre

Il treno corre veloce nella pianura Padana, con i pioppi lungo il fiume e le case rosse. La ferrovia incrocia l'autostrada dove corrono le macchine e gli autocarri che trasportano le merci da nord a sud e viceversa.

Piacenza, Parma, Reggio Emilia, Modena... siamo in Emilia Romagna. Pochi chilometri ed è già un'altra Italia: i sapori della cucina emiliana, il parmigiano, le tagliatelle, il prosciutto, lo zampone, la ricca vita di provincia. La gente qui è aperta e cordiale e parla con l'accento aperto e inconfondibile che Piero riconosce mentre sente la voce del ragazzo che passa lungo il corridoio con il servizio bar.

1. 📖 **Leggi più volte il testo e segna le risposte corrette.**

1. Il treno attraversa la pianura Padana.   V F
2. Lungo il fiume ci sono i pioppi.   V F
3. Le case sono rosse.   V F
4. L'autostrada è lontana dalla ferrovia.   V F
5. Piacenza, Parma, Reggio Emilia e Modena sono in Lombardia.   V F
6. Indica i prodotti tipici emiliani:
   ○ pizza   ○ parmigiano   ○ tagliatelle
   ○ mozzarella   ○ prosciutto
7. La gente in Emilia è molto aperta.   V F

2. Cerca nel testo tutti gli articoli determinativi e osserva i nomi che li seguono. Trascrivi articoli e nomi negli spazi sotto.

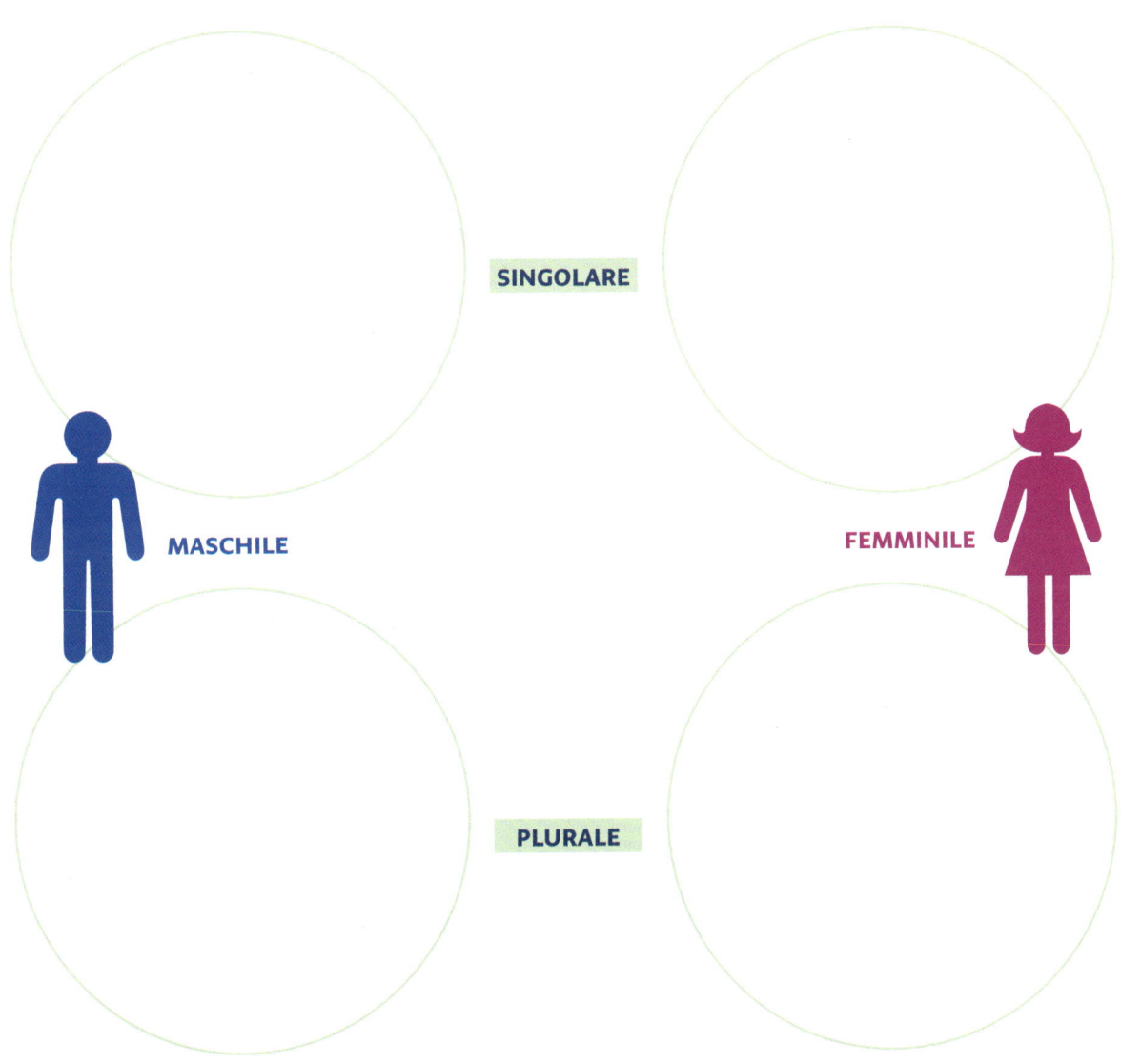

3. Lavorate in coppia e provate a costruire una regola per l'uso dell'articolo in italiano, rispondendo alle domande.

AL SINGOLARE

1. Quali articoli si usano per le parole **maschili** in italiano? _____
2. Quali per le parole **femminili**? _____
3. Davanti a quali parole si usa l'articolo con **l'apostrofo** (')? _____

AL PLURALE

1. Le parole che hanno l'articolo *il* quale articolo prendono al plurale? _____
2. Le parole che hanno l'articolo *lo* quale articolo prendono al plurale? _____
3. Le parole che hanno l'articolo *la* quale articolo prendono al plurale? _____
4. Le parole maschili che hanno l'articolo *l'* quale articolo prendono al plurale? _____
5. Le parole femminili che hanno l'articolo *l'* quale articolo prendono al plurale? _____

Ora lavorate con l'insegnante e verificate le vostre ipotesi.

FACCIAMO GRAMMATICA

ARTICOLI DETERMINATIVI

IL si usa con parole maschili che iniziano per consonante. Il plurale di **IL** è **I**.

MASCHILE SINGOLARE	MASCHILE PLURALE
IL treno	**I** treni
giornale	giornali
panino	panini

LO si usa con parole maschili che iniziano per **Z**, **S** + consonante, **PS/PN**, **GN**. Il plurale di **LO** è **GLI**.

MASCHILE SINGOLARE	MASCHILE PLURALE
LO zaino	**GLI** zaini
scompartimento	scompartimenti
psicologo	psicologi
gnocco	gnocchi

LO si usa anche con parole maschili che iniziano per vocale, ma diventa **L'**. Il plurale di **L'** è **GLI**.

MASCHILE SINGOLARE	MASCHILE PLURALE
L' albero	**GLI** alberi
amico	amici

LA si usa con tutte le parole femminili. Davanti a parole che iniziano per vocale diventa **L'**. Il plurale è sempre **LE**.

FEMMINILE SINGOLARE	FEMMINILE PLURALE
LA strada	**LE** strade
pizza	pizze
stagione	stagioni
L' isola	**LE** isole
amica	amiche

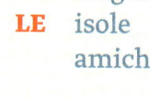

4. **Inserisci gli articoli determinativi davanti ai seguenti nomi.**

NATURA E CITTÀ

1. _il_ fiume
2. ___ mare
3. ___ montagna
4. ___ lago
5. ___ albero
6. ___ piazza
7. ___ strada
8. ___ stadio
9. ___ negozio
10. ___ bar
11. ___ parco
12. ___ fontana
13. ___ appartamento
14. ___ casa
15. ___ centro
16. ___ periferia
17. ___ autobus
18. ___ automobile
19. ___ vespa
20. ___ bicicletta
21. ___ taxi

5. **Trasforma al plurale i seguenti nomi.**

IN CLASSE

1. la finestra _le finestre_
2. la porta ___
3. il libro ___
4. lo zaino ___
5. lo studente ___
6. la penna ___
7. il quaderno ___
8. la sedia ___
9. la classe ___
10. la lezione ___
11. il computer ___

LE PERSONE

1. l'insegnante (m) ___
2. l'insegnante (f) ___
3. l'amico ___
4. l'amica ___
5. il bambino ___
6. la bambina ___
7. lo scrittore ___
8. la scrittrice ___
9. il segretario ___
10. la segretaria ___
11. il dottore ___
12. la dottoressa ___

6. Trasforma al plurale i seguenti nomi di persone.

1. il turista <u>i turisti</u>
2. la turista _____
3. il barista _____
4. la barista _____
5. il violinista _____
6. la violinista _____
7. il pianista _____
8. la pianista _____
9. l'artista (m) _____
10. l'artista (f) _____
11. il giornalista _____
12. la giornalista _____
13. il ciclista _____
14. la ciclista _____

> **NOMI IN -ISTA**
>
> I nomi di persona che terminano in **-ista** possono essere maschili o femminili. Al singolare si distinguono dall'articolo.
>
> **il** pian**ista**   **la** pian**ista**
> **i** pian**isti**   **le** pian**iste**

7. Combina gli articoli con i sostantivi e gli aggettivi.
Alcuni aggettivi si possono combinare con più sostantivi.

ARTICOLI
• lo • l' • gli • il • ~~la~~ • i • la • lo • le • la • il • gli • la • i • gli • l' • la

SOSTANTIVI
• negozi • macchina • amico • sport • spaghetti • uomini • città • zaino • treno • libro • acqua • amici • scarpe • caffetteria • ~~pianura~~ • turisti • bottiglia

AGGETTIVI
• affollato • interessante • inquinata • americani • italiane • giapponese • milanesi • pesante • italiana • veloce • eleganti • minerale • scotti • nazionale • ~~padana~~ • vuota • italiani

8. **A CHE SERVE?**

Associa a ogni oggetto uno o più verbi tra i seguenti.

• pulire il pavimento • ~~scrivere~~ • lavare i piatti • lavare i vestiti • raccogliere l'immondizia
• telefonare • mettere i fiori • stirare • dormire • conservare il cibo • mandare messaggi • cancellare
• ascoltare le notizie • ascoltare musica • navigare in internet • cercare informazioni
• lavare la biancheria • guardare un video • cercare una strada • mangiare gli spaghetti

1. la penna <u>La penna serve per scrivere</u>
2. la gomma _____
3. la radio _____
4. la lavatrice _____
5. la lavastoviglie _____
6. il ferro da stiro _____
7. la forchetta _____
8. il computer _____
9. il letto _____
10. il frigorifero _____
11. il cellulare _____
12. il vaso _____
13. la scopa _____
14. la paletta _____

9. 📖 **Leggi il testo e segna le risposte corrette.**

IN BICICLETTA NELLA PIANURA PADANA

Nelle città della pianura Padana la bicicletta è il più familiare mezzo di trasporto. Qui pedalare è una comune attività quotidiana. Usano la bici i bambini per andare a scuola, molti adulti per andare al lavoro e gli anziani per ritrovarsi con gli amici in piazza. Qui c'è il maggior numero di piste ciclabili in rapporto agli abitanti.

Dai centri storici delle città, gli itinerari ciclabili vanno attraverso la pianeggiante campagna padana, tra coltivazioni di frutta, grano, mais, riso, pioppi e seguono fiumi e canali, soprattutto il corso del Po, il grande fiume che sfocia nel Mare Adriatico.

Si sosta nelle trattorie di campagna e negli agriturismi, si visitano i produttori e si fa shopping in salumerie e caseifici.

Parma, Reggio Emilia e Modena sono il cuore dell'Emilia golosa, la patria di alcuni dei più raffinati prodotti alimentari. A Parma il parmigiano (condiviso con Reggio Emilia) si sposa con il salame di Felino, il culatello di Zibello e i prosciutti come il Parmacotto e il favoloso crudo di Langhirano.

Da Modena si avanza in una campagna piatta, coperta di vigne, fino a Sorbara, la patria del Lambrusco, il frizzante vino emiliano che qui si coniuga con zampone, tortellini e gnocco fritto.

adattato da Marco Moretti, www.lastampa.it

1. La bicicletta è molto usata nelle città della pianura Padana. **V F**
2. Solo i bambini vanno in bicicletta. **V F**
3. In questa regione ci sono molte piste ciclabili. **V F**
4. Gli itinerari ciclabili vanno dalle città alla campagna. **V F**
5. Nella pianura Padana scorre il fiume Po. **V F**
6. Il fiume Po sfocia nel Mar Tirreno. **V F**
7. Il cuore dell'Emilia golosa comprende queste città:
   ○ Milano   ○ Parma   ○ Reggio Emilia
   ○ Como   ○ Siena   ○ Modena
8. I prodotti tipici dell'Emila citati nel testo sono:
   ○ parmigiano   ○ prosciutto   ○ Chianti   ○ tortellini
   ○ pizza   ○ zampone   ○ Lambrusco   ○ ricotta

NON SOLO BICICLETTE!

In Emilia Romagna sono nate le più belle macchine e moto del mondo.

Qui hanno iniziato a girare i motori della Ferrari, della Maserati, della Lamborghini e della Ducati.

Per questo la chiamano la "Motor valley"!

INTANTO A MILANO...

Sono già le dieci. Mentre il treno corre nella pianura Padana, a Milano, al pianoterra del palazzo dove abita Piero, la portiera Caterina chiama sua figlia, Milena.
È l'ora di fare la spesa.

10. AUDIO 13 COSA DEVO COMPRARE?

Ascolta il dialogo e inserisci nella borsa le cose che Milena deve comprare.

11. AUDIO 13

Ascolta ancora il dialogo e segna le risposte corrette.

1. La mamma chiede a Milena quando va a fare la spesa. V F
2. Milena non ha molta voglia di andare a fare la spesa. V F
3. La mamma deve pulire la casa. V F
4. Milena deve comprare solo poche cose da mangiare. V F
5. Milena dice che non può portare tutte le cose che deve comprare. V F
6. La mamma consiglia a Milena di prendere il carrello. V F
7. Milena va a fare la spesa con il carrello. V F

74 • EPISODIO 5

12. AUDIO 13

Ascolta più volte il dialogo e completa il testo.

- **C.:** Milena, Mileenaaa! Milena, ma quando vai a fare la spesa?
- **M.:** Mamma, aspetta, ora vado, ma che vuoi, uffa!
- **C.:** Come che voglio?! _____ da mangiare, è tardi, sbrigati!
- **M.:** Va bene, vado vado, ma cosa _____ ?
- **C.:** Allora, _____ : il pane, il latte, l'olio, lo zucchero, le patate e i pomodori. Per la frutta scegli tu: il melone o l'anguria. Poi la pasta corta: le penne o i fusilli o anche gli spaghetti. Ah, è finito anche il sale grosso. E _____ pure una mozzarella, lo speck o la bresaola, come preferisci. Ah, aspetta, anche il detersivo per i piatti. Prendi i soldi, ecco 70 euro!
- **M.:** Mamma, ma sei matta? Come _____ tutte queste cose?
- **C.:** _____ il carrello.
- **M.:** No, il carrello è da vecchi...
- **C.:** Ma perché non _____ il carrello che è così comodo e non porti pesi!
- **M.:** Mamma, non insistere! Non _____ con il carrello!
- **C.:** Eh va beh! E allora _____ anche _____ la frutta, basta che ti sbrighi, che _____ !

13. Completa con *deve, vuole, non può, non vuole*.

1. La signora Caterina _____ cucinare.
2. Milena _____ fare la spesa.
   _____ sapere cosa _____ comprare.
   _____ portare tante cose pesanti.
   _____ uscire con il carrello.

14. COSE DA MANGIARE

Completa con gli articoli determinativi quello che la signora Caterina dice a Milena.

«Allora, devi comprare: ____ pane, ____ latte, ____ olio, ____ zucchero, ____ patate, ____ pomodori. Per la frutta scegli tu: ____ melone o ____ anguria. Poi, ____ pasta corta: ____ penne o ____ fusilli o anche ____ spaghetti. Ah, è finito anche ____ sale grosso. E devi comprare pure una mozzarella, ____ speck o ____ bresaola, come preferisci. Ah, aspetta, anche ____ detersivo per ____ piatti. Prendi ____ soldi, ecco 70 euro!»

15. COSA DEVONO COMPRARE?

Scrivi cosa devono comprare Giovanni, la signora Lucia e Marta.

1 GIOVANNI: STUDENTE UNIVERSITARIO
- ~~tonno~~
- yogurt
- piselli
- surgelati
- birra
- riso
- nutella
- aglio

Giovanni deve comprare:
il tonno, _____

2 LA SIGNORA LUCIA: PENSIONATA
- fette biscottate
- marmellata
- farina
- tè
- parmigiano
- insalata

La signora Lucia deve comprare: _____

3 MARTA: ARCHITETTO, HA DUE BAMBINI
- biscotti
- merendine
- arance
- latte
- uva
- acqua minerale
- stracchino

Marta deve comprare: _____

AL MERCATO

> VORREI UN CHILO DI POMODORI, PER FAVORE.
> VUOLE ALTRO?
> SÌ, MI DIA ANCHE 2 CHILI DI ZUCCHINE.
> ECCO A LEI, SIGNORA.
> QUANT'È?
> SONO 6 EURO E 50.
> PREGO.
> ECCO IL RESTO. GRAZIE, ARRIVEDERCI!
> GRAZIE A LEI, ARRIVEDERCI!

CONTENITORI, PESI E MISURE

16. 💬 **FARE LA SPESA**

Siamo al mercato. Lo studente A è il cliente, lo studente B è il venditore.
Il cliente guarda i prodotti sulla bancarella, compra una cosa. Il venditore domanda se vuole altre cose. "A" compra un'altra cosa e poi chiede il prezzo.
"B" calcola il prezzo e lo dice. Se necessario dà il resto.
Alla fine si salutano.

PER COMUNICARE IN ITALIANO

COMPRARE QUALCOSA

Per chiedere qualcosa gentilmente
- VORREI UN CHILO DI POMODORI, PER FAVORE.
- MI DIA... PER FAVORE.

Per presentare, dare qualcosa
- ECCO...

Per chiedere il prezzo di qualcosa
- QUANTO COSTA? QUANTO COSTANO?

Per chiedere quanto devo pagare
- QUANT'È? QUANT'È IN TUTTO? QUANTO FA? QUANTO LE DEVO?

FACCIAMO GRAMMATICA

VERBI MODALI

	DOVERE	POTERE	VOLERE	SAPERE
io	devo	posso	voglio	so
tu	devi	puoi	vuoi	sai
lui/lei	deve	può	vuole	sa
noi	dobbiamo	possiamo	vogliamo	sappiamo
voi	dovete	potete	volete	sapete
loro	devono	possono	vogliono	sanno

CERCA QUALCUNO CHE...

17. CHI CERCA TROVA

Gira per la classe, fa' queste domande ai tuoi compagni per cercare una persona che risponde "sì". Se la trovi, scrivi il suo nome accanto alla domanda.
Quando hai trovato una persona per ogni domanda il gioco è finito.
Vince chi trova per primo tutte o il numero massimo di risposte positive.

- sa suonare il violino
- vuole fare un viaggio nello spazio
- deve cambiare casa
- può andare in vacanza quando vuole
- sa ballare l'hip hop
- vuole mangiare un piatto di pasta adesso
- deve andare dal dentista questa settimana
- può andare a scuola o al lavoro a piedi
- sa guidare una vespa
- vuole andare a vivere in un altro Paese

SÌ!!!

18. Completa con i verbi al presente indicativo.

DOVERE

1. Tutti _____ parlare italiano in classe.
2. Angela _____ cambiare casa.
3. Per domani (noi) _____ scrivere un piccolo testo in italiano.
4. Senti Franco, (tu) non _____ preparare la cena, stasera ceniamo fuori.
5. Per andare in Sardegna (voi) _____ prenotare un mese prima.
6. Ciao, _____ scappare, ho un appuntamento tra dieci minuti.

VOLERE

1. Tu _____ un gelato o una fetta di cocomero?
2. Io _____ bere qualcosa di fresco.
3. I bambini _____ andare a giocare al parco.
4. Sofia non _____ mai fare colazione, al mattino non ha fame.
5. Se voi _____ prendere il sole, potete sedervi in terrazza.
6. Domani io e Nora _____ girare tutto il giorno in centro e fare shopping.

POTERE

1. Scusi signorina, per favore _____ chiamarci un taxi per andare alla stazione?
2. Se non avete fretta, (io) _____ accompagnarvi in macchina tra dieci minuti.
3. Alessandra e Roberta sono a dieta e non _____ mangiare dolci.
4. Marco, perché non rispondi ai messaggi? Quando _____, per favore chiamami!
5. La prossima settimana (noi) non _____ venire a scuola perché partiamo.
6. Non è necessario cambiare i soldi prima di partire, (voi) _____ cambiarli in Italia.

SAPERE

1. Anna _____ sciare benissimo e _____ anche andare con lo skateboard.
2. (Voi) _____ fare il tiramisù?
3. Oggi, quasi tutti _____ parlare un po' l'inglese.
4. Noi non _____ giocare a poker.
5. (Io) _____ cucinare, ma stasera ho poco tempo e preferisco mangiare fuori.
6. Se (tu) _____ ballare così bene, devi fare un provino per la TV.

19. 💬 CHE COSA VUOI, SAI, DEVI, PUOI FARE...?

Lavora in coppia con un compagno. A turno uno fa queste domande all'altro. Avete qualcosa in comune?

▸ Un piatto italiano che sai preparare.
▸ Una lingua che sai parlare bene.
▸ Una cosa che non sai fare.
▸ Un numero di telefono che sai a memoria.
▸ Una cosa che vuoi fare stasera.
▸ Una cosa che devi fare al più presto.
▸ Una cosa che non puoi mangiare o bere.
▸ Una cosa che non vuoi mai fare.
▸ Un luogo che vuoi visitare prima o poi.
▸ Una cosa che devi comprare.
▸ Una persona che vuoi vedere.
▸ Un film che vuoi rivedere.
▸ Un libro che vuoi leggere o rileggere.

SAI PREPARARE UN PIATTO ITALIANO?

SÌ, SO PREPARARE GLI SPAGHETTI AL POMODORO!

20. Inserisci nelle frasi i verbi *volere*, *dovere*, *potere*, *sapere* al presente indicativo.

1. Tutti ___vogliono___ parlare molte lingue, ma non hanno la possibilità di studiarle.
2. Nora non _____ rientrare in casa perché non ha le chiavi.
3. (*Voi*) _____ dirmi chi ha scritto la *Divina Commedia*?
4. Per frequentare il corso di tedesco, (*tu*) _____ prenotare entro lunedì.
5. Se (*voi*) _____ visitare la Galleria Borghese, _____ fare la prenotazione on-line o per telefono.
6. Per arrivare in tempo, noi _____ uscire di casa subito.
7. Oggi non _____ venire con voi, perché non mi sento bene.
8. Secondo me, (*tu*) _____ cercare un lavoro meno faticoso, lavori troppo!
9. Ornella, io vado a fare la spesa, _____ comprare qualcosa anche per te?
10. Andrea, cosa _____ mangiare oggi?
11. Mangiamo fuori, oggi non _____ cucinare e non _____ neanche lavare i piatti.
12. Con questa padella (*tu*) _____ cucinare tutto senza grassi, ma se _____, _____ aggiungere un po' d'olio dopo la cottura.
13. Bambini, basta con il computer! Ora (*voi*) _____ cominciare a fare i compiti.
14. Mamma, dai, per favore, (*noi*) _____ vedere ancora un altro cartone animato?

21. INDOVINA CHI È

Ogni studente scrive su uno stesso foglietto:

UNA COSA CHE **VUOLE** FARE OGGI

UNA COSA CHE **NON PUÒ** FARE OGGI

UNA COSA CHE **DEVE** FARE OGGI

SAPERE O POTERE?

In italiano il verbo *sapere* e il verbo *potere* hanno un significato diverso.

sapere: avere l'abilità, la capacità di fare qualcosa
potere: avere la possibilità di fare qualcosa

Tutti i foglietti piegati si mettono in una scatola. A turno ogni studente pesca un foglietto, legge il contenuto e poi deve indovinare chi lo ha scritto. Se lo studente pesca il suo foglietto, lo rimette nella scatola e ne prende un altro. Vince chi indovina di più.

EPISODIO 5 • 79

22. Scegli il verbo giusto.

1. Luigi ha un piede rotto e non ○ *sa* ○ *può* sciare.
2. Marco va sempre in montagna e ○ *sa* ○ *può* sciare benissimo.
3. Non ○ *so* ○ *posso* suonare la chitarra perché le corde sono rotte.
4. ○ *Sai* ○ *Puoi* parlare cinese? Sì, ○ *so* ○ *posso* parlare cinese molto bene.
5. Oggi non ○ *so* ○ *posso* guidare la macchina perché c'è il blocco del traffico.
6. ▸ Guarda! La mia camicia si è scucita.
   ▸ Non è un problema, io ○ *so* ○ *posso* cucire e la ○ *posso* ○ *so* sistemare in pochi minuti.
7. ▸ Dai, vieni, facciamo un bagno!
   ▸ Mi dispiace, ma io non ○ *posso* ○ *so* nuotare.

23. CHI CERCA TROVA

Gira per la classe, fa' queste domande ai tuoi compagni per cercare una persona che risponde "sì". Se la trovi, scrivi il suo nome accanto alla domanda.
Quando hai trovato una persona per ogni domanda il gioco è finito. Vince chi trova per primo tutte o il numero massimo di risposte positive.

CERCA QUALCUNO CHE...

▸ sa cucinare le lasagne
▸ sa cambiare una ruota
▸ sa riparare un rubinetto che perde
▸ sa guidare un camion
▸ sa insegnare una lingua
▸ sa imbiancare una stanza
▸ sa fare un'iniezione
▸ sa ricucire un bottone
▸ sa coltivare i pomodori
▸ sa tagliarsi i capelli da solo/a

sì!!!

24. COSA POSSO FARE?

Kikka 92

Ragazzi oggi pomeriggio sono da sola. Cosa posso fare?

Vorrei uscire e fare qualcosa da sola, però non voglio andare in posti affollati! Cosa posso fare???

Completa la risposta con i verbi al presente indicativo.

• volere • consigliare • abitare • essere • prendere • andare • stare • sapere • esserci • prendere
• andare • esserci • prendere • andare • esserci • fare

▸ **Migliore risposta:** Se _____ uscire ti _____ di andare a prenderti un gelato e poi andare in un parchetto oppure per le vie della tua città per camminare un po'.
O magari andare a trovare qualche amico e amica che _____ nelle vicinanze.
Io, ad esempio, quando _____ da sola a casa e ho voglia di uscire, _____ la bici e _____ fino a città un po' lontanine (tipo 30 minuti da casa mia all'andata e 30 al ritorno)... poi _____ un po' lì a godermi il panorama se _____ che _____ qualcosa di bello da vedere, visitare o anche solo una buona pasticceria o gelateria 🙂

Poi se no _____ sempre la bici e _____ nel bosco vicino a casa mia in mezzo alla natura, al verde e mi piace sdraiarmi a prendere il sole se _____ una bella giornata. Se no, semplicemente, _____ lo skateboard e _____ in giro per la mia città per le vie oppure nel parco dove _____ altri ragazzi che _____ le rampe con lo skate appunto (:

Se no, resta a casa e guardati un bel film su megavideo in streaming oppure vai a noleggiarne uno 🙂 Buon pomeriggio 🙂

da it.answers.yahoo.com

PER COMUNICARE
IN ITALIANO

DARE CONSIGLI

Non voglio restare solo a casa, **cosa posso fare**?

Puoi telefonare a un'amica e uscire con lei. **A**

Ti consiglio di telefonare a un'amica e uscire con lei. **B**

25. 💬 COSA POSSO FARE? PUOI... TI CONSIGLIO DI...

Prova a dare consigli a queste persone.

ENRICO: È sabato sera e ho pochi soldi, ma voglio fare qualcosa.

ELISA: Sono sola in casa ed è una giornata triste e piovosa.

LUCIO: Vorrei fare qualcosa di bello e di originale per il fine settimana.

GIOVANNI: A scuola mi annoio durante la lezione di matematica.

LIVIA: Devo studiare, ma non voglio restare in casa.

EPISODIO 5 • 81

6 Giovani viaggiatori

EPISODIO

È estate, la scuola è finita, cominciano le vacanze e i treni si riempiono di bambini e ragazzi che lasciano le città.
Un ragazzo con due bambine è seduto di fronte a una donna che legge da un e-reader.
Le bambine sono molto irrequiete e litigano tra loro.
La signora ogni tanto alza la testa dal suo libro e sorride.

1. 📖 **Leggi il fumetto e scegli il riassunto corretto.**

   A Due bambine vanno al mare con la zia Giulia. Enzo è il fratello maggiore delle due bambine che si chiamano Aurora e Gaia.
   Di fronte a loro è seduta una signora molto antipatica che legge un giornale e rimprovera le due bambine perché fanno troppo chiasso.

   B Due bambine vanno al mare dalla zia Giulia. Sono in treno con il loro baby-sitter che le accompagna fino a Bologna e litigano perché vogliono giocare con la stessa bambola. Vicino c'è una signora molto comprensiva che si chiama Angela.
   La bambina più grande ha otto anni e fa la terza elementare. La più piccola si chiama Gaia.

2. 📖 **Rileggi il fumetto e sottolinea tutti gli aggettivi possessivi.**
   Nota quando si usa l'articolo davanti ai possessivi e quando no, poi prova a formulare una regola.

   L'**articolo** davanti all'**aggettivo possessivo** si usa con:

	sì	no	esempio
▸ nomi in genere	○	○	_____
▸ nomi di famiglia al singolare	○	○	_____
▸ nomi di famiglia al plurale	○	○	_____

   EPISODIO 6 ▪ 83

FACCIAMO GRAMMATICA

AGGETTIVI POSSESSIVI

L'**aggettivo possessivo** in italiano si accorda col **genere dell'oggetto posseduto** e non con il possessore.

il libro di Maria	**il suo** libro
il libro di Paolo	**il suo** libro
i libri di Maria	**i suoi** libri
i libri di Paolo	**i suoi** libri

il mio	la mia	i miei	le mie
il tuo	la tua	i tuoi	le tue
il suo amico	la sua amica	i suoi amici	le sue amiche
il nostro	la nostra	i nostri	le nostre
il vostro	la vostra	i vostri	le vostre
il loro	la loro	i loro	le loro

Davanti all'aggettivo possessivo c'è **sempre** l'articolo.

MA ↓

I nomi di famiglia al singolare **NON** prendono l'articolo.

Fa eccezione l'aggettivo **loro** che anche al singolare prende l'articolo.

il mio cane
la mia casa
i miei amici

mio padre
tua madre
suo fratello

il loro fratello

NOTA: i nomi di famiglia al singolare, se sono alterati, prendono l'articolo. Anche i nomi "mamma" e "papà" prendono l'articolo.
▸ la mia sorellina, il mio fratellino, la mia mamma, il mio papà

Al plurale anche i nomi di famiglia prendono l'articolo.
▸ i tuoi genitori, i miei nonni

3. Scegli la soluzione corretta.

1. ○ Mio ○ Il mio fratello abita a Roma.
2. ○ Miei ○ I miei genitori sono toscani.
3. ○ La mia ○ Mia casa è in centro.
4. ○ Il mio ○ Mio fratellino ha sei anni.
5. ○ Miei ○ I miei colleghi sono molto simpatici.
6. ○ Le mie ○ Mie sorelle sono più giovani di me.
7. ○ Mia ○ La mia madre fa l'insegnante.
8. ○ Le mie ○ Mie amiche vengono da me stasera.
9. ○ Mia ○ La mia macchina è rotta.
10. ○ Mio ○ Il mio professore di matematica è bravissimo.

84 • EPISODIO 6

I PARENTI

4. CHI SONO PER ME?

1. I figli di mio fratello si chiamano Giulio e Riccardo.
   Giulio e Riccardo ___sono i miei nipoti___.
2. La mamma di mio marito si chiama Elvira, il papà di mio marito si chiama Matteo.
   Elvira _____, Matteo _____.
3. Il fratello di mia madre si chiama Carlo e la sorella di mio padre si chiama Giovanna.
   Carlo _____, Giovanna _____.
4. La sorella di mio marito si chiama Elisa.
   Elisa _____.
5. Il figlio di mio zio si chiama Eugenio.
   Eugenio _____.
6. Le figlie di mia sorella si chiamano Sara e Sofia.
   Sara e Sofia _____.
7. Il padre di mia madre si chiama Antonio e la madre di mia madre si chiama Angela.
   Antonio _____, Angela _____.
8. Le figlie di mia zia si chiamano Martina e Paola.
   Martina e Paola _____.

5. CHI INVITIAMO?

Fra due mesi si sposa Alberto. Alessio e Carla, i suoi genitori, preparano la lista degli invitati. Completa con gli aggettivi possessivi.

I PARENTI DI CARLA

Carla invita:
1. (di lei) _____ madre.
2. (di lei) _____ fratelli con (di loro) _____ mogli e (di loro) _____ figli.
3. (di lei) _____ nipoti.
4. (di lei) _____ cugino Franco e (di lui) _____ moglie Rosaria.
5. (di lei) _____ cugina Vera e (di lei) _____ figlio Salvatore.

I PARENTI DI ALESSIO

Alessio invita:
6. (di lui) _____ genitori.
7. (di lui) _____ fratelli e _____ sorelle.
8. (di lui) _____ zia Arianna e (di lei) _____ figlia Rita.
9. (di lui) _____ cugini.

GLI AMICI DI CARLA E ALESSIO

Carla e Alessio invitano:
10. Vittorio e (di lui) _____ compagno.
11. (di loro) _____ vicini di casa.
12. (di loro) _____ colleghi di lavoro.
13. (di lei) _____ migliore amica, Sandra.
14. (di lui) _____ migliore amico, Flavio.

6. CHI CERCA TROVA

Gira per la classe, fa' queste domande ai tuoi compagni per cercare una persona che risponde "sì". Se la trovi, scrivi il suo nome accanto alla domanda.
Quando hai trovato una persona per ogni domanda il gioco è finito. Vince chi trova per primo tutte o il numero massimo di risposte positive.

CERCA QUALCUNO CHE PUÒ RISPONDERE "SÌ" ALLE TUE DOMANDE

- la sua stanza è molto piccola
- vive lontano dalla sua famiglia
- suo fratello è sposato
- il suo attore preferito è italiano
- i suoi vicini sono molto rumorosi
- vicino alla sua casa c'è un centro commerciale
- il suo gelato preferito è quello alla fragola
- la sua città è vicina al mare

7. Inserisci nelle seguenti frasi i possessivi.

1. ▶ Di chi è questa maglietta sporca? ▶ È (io) ___mia___.
2. ▶ Di chi sono quelle scarpe? ▶ Sono (lei) _____.
3. ▶ Di chi è questo ombrello? ▶ È (lui) _____.
4. ▶ Di chi sono queste fotocopie? ▶ Sono (noi) _____.
5. ▶ Di chi è questo bicchiere? ▶ È (tu) _____.
6. ▶ Di chi sono queste chiavi? ▶ Sono (voi) _____.
7. ▶ Di chi è questa borsa? ▶ È (lui) _____.
8. ▶ Di chi è questo telefonino? ▶ È (lei) _____.
9. ▶ Di chi sono quelle bottiglie? ▶ Sono (noi) _____.
10. ▶ Di chi sono questi occhiali? ▶ Sono (io) _____.
11. ▶ Di chi è quel libro? ▶ È (io) _____.

8. 💬 **COSA HAI IN TASCA? COSA HAI NELLA BORSA?**

Di solito porti con te le cose più importanti per la tua giornata: le porti in tasca o nella borsa? Svuota le tue tasche e la tua borsa e nomina le cose che possiedi.

MIO FIGLIO SI LAUREA DOMANI

Enzo, il baby-sitter di Gaia e Aurora, parla un po' con la signora seduta di fronte a loro.

9. **AUDIO 14**

Ascolta più volte il dialogo e segna le risposte corrette.

1. Il ragazzo che fa il baby-sitter studia Filosofia all'università.   V   F
2. Il ragazzo ha 23 anni, come il figlio della signora.   V   F
3. Il figlio della signora si laurea tra un anno.   V   F
4. Il figlio della signora studia Scienze della Comunicazione a Bologna.   V   F
5. Al baby-sitter non piace il cinema.   V   F
6. Il ragazzo che studia Astrofisica deve fare ancora 4 esami.   V   F
7. La signora fa i complimenti al ragazzo perché studia e lavora.   V   F

10. Riordina le battute della signora e del ragazzo.

▸ bocca • al • in • lupo • ! _____
▸ lupo • crepi • il • ! _____

11. CHE SCUOLA FREQUENTANO?

Associa le immagini delle persone al tipo di scuola che frequentano.

 SCUOLA MATERNA / ASILO (3 ANNI) — 1

 SCUOLA ELEMENTARE (5 ANNI) — 2

 SCUOLA MEDIA (3 ANNI) — 3

 SCUOLA SUPERIORE (5 ANNI) — 4

 UNIVERSITÀ (3 ANNI + 2 ANNI) — 5

FACCIAMO GRAMMATICA

UN VERBO TUTTO *FARE*...

In italiano, nel linguaggio corrente spesso si usa il verbo *fare* per sostituire un altro verbo più appropriato. Ad esempio gli studenti dicono:

faccio l'università = **frequento** l'università
faccio la prima elementare = **frequento** la prima elementare

Il verbo *fare*, perciò, può avere molti significati come in questi esempi:

fare i piatti = **lavare** i piatti
fare una bella partita di calcio = **giocare** una bella partita di calcio
fare il biglietto = **comprare** il biglietto
fare tennis = **praticare** il tennis
fare la cena = **preparare** la cena

12. SCUOLA E UNIVERSITÀ

Queste sono alcune frasi tipiche per parlare degli studi a scuola o all'università. Prova a riordinare le frasi.

1. classe • fai • che • ? _____
2. quanti • ti • esami • mancano • ? _____
3. sei • quale • a • iscritto • facoltà • ? _____
4. che • fai • scuola • ? _____
5. laurei • ti • quando • ? _____
6. stai/sei • anno • che • a • ? _____

Se studi a scuola o all'università rispondi alle domande sopra oppure prova a immaginare delle risposte possibili.

MI PIACE ANCHE IL GELATO...

Enzo, al terzo anno di Astrofisica, d'estate fa anche il babysitter. Oggi accompagna a Bologna Gaia e Aurora, che vanno in vacanza dalla loro zia.
La signora seduta vicino a loro inizia a parlare con le bambine, Gaia di cinque anni e Aurora, la più grande, che ha otto anni.

13. AUDIO 15 Ascolta più volte il dialogo e scrivi negli spazi le cose che piacciono a ogni persona.

- la bambola Violetta • il pop corn • i bambini • il ghiacciolo • Peppa Pig • parlare molto
- andare alle giostre, al mare, in bicicletta • il gelato senza latte • le patatine con il ketchup
- il gelato al cioccolato

	PIACE	PIACCIONO
AD AURORA 1ª BAMBINA		
A GAIA 2ª BAMBINA		
ALLA SIGNORA		

EPISODIO 6

PER COMUNICARE
IN ITALIANO

COSA TI PIACE...?

▶ Per esprimere gusti e preferenze

▶ Per chiedere che cosa piace

- TI PIACE IL CAFFÈ?
- A TE PIACE IL CAFFÈ?

- SÌ, MI PIACE, MI PIACE MOLTO.
- NO, NON MI PIACE, NON MI PIACE PER NIENTE.
- VERAMENTE A ME NON PIACE MOLTO, PREFERISCO IL TÈ.

- TI PIACCIONO I TORTELLINI?
- A TE PIACCIONO I TORTELLINI?

- SÌ, MI PIACCIONO MOLTO.
- NO, NON MI PIACCIONO PER NIENTE.
- VERAMENTE A ME NON PIACCIONO MOLTO, PREFERISCO I CANNELLONI.

A volte nella lingua parlata si usa **due volte** il pronome.

- A TE, TI PIACE IL CAFFÈ?
- NO, A ME, NON MI PIACE PER NIENTE.

14. CHI CERCA TROVA

Gira per la classe, fa' queste domande ai tuoi compagni per cercare una persona che risponde "sì". Se la trovi, scrivi il suo nome accanto alla domanda.
Quando hai trovato una persona per ogni domanda il gioco è finito. Vince chi trova per primo tutte o il numero massimo di risposte positive.

CERCA QUALCUNO A CUI PIACE/ PIACCIONO QUESTE COSE.

- gli spaghetti al dente
- il caffè senza zucchero
- il latte freddo
- il tiramisù
- il tè al latte
- la cucina cinese
- il parmigiano
- gli gnocchi
- le patatine fritte
- l'insalata mista
- il pesce crudo

sì!!!

15. A ME PIACE... IO, INVECE, PREFERISCO...

Lavorate in coppia. Uno studente dice: "A me piace il vino", l'altro dice "Io, invece, preferisco la birra".

A ME PIACE / PIACCIONO...
- vino
- spaghetti
- caffè espresso
- pecorino
- tè freddo
- gelato al limone
- acqua naturale
- pizza bianca
- tagliatelle
- fragole

A ME PIACE MOLTO IL GELATO ALLA FRUTTA!

IO, INVECE, PREFERISCO IL GELATO AL CIOCCOLATO.

IO, INVECE, PREFERISCO...
- birra
- penne
- cappuccino
- parmigiano
- tè caldo
- gelato alla fragola
- acqua gasata
- pizza rossa
- risotto
- ciliegie

FACCIAMO GRAMMATICA

VERBI IN -ISC-

Molti verbi in **-ire** hanno una coniugazione particolare. È necessario inserire il suffisso **-isc-** prima della desinenza a tutte le persone del verbo tranne alla prima e seconda plurale.

	PREFERIRE	FINIRE	CAPIRE
io	prefer-isc-o	fin-isc-o	cap-isc-o
tu	prefer-isc-i	fin-isc-i	cap-isc-i
lui/lei	prefer-isc-e	fin-isc-e	cap-isc-e
noi	prefer-iamo	fin-iamo	cap-iamo
voi	prefer-ite	fin-ite	cap-ite
loro	prefer-isc-ono	fin-isc-ono	cap-isc-ono

16. Completa le frasi con i verbi al presente indicativo.

1. A che ora (*finire*) ___finisce___ la lezione?
2. Quando (*io-finire*) _____ questo lavoro, ti telefono.
3. (*voi-capire*) _____ il cinese?
4. Molti studenti (*capire*) _____ l'italiano, ma parlano poco.
5. Non (*io-capire*) _____ questa parola. Che significa?
6. (*tu-preferire*) _____ viaggiare in aereo o in treno?
7. I miei amici (*preferire*) _____ andare in discoteca, io invece _____ il cinema.
8. Nel mio quartiere le strade sono sporche. Nessuno le (*pulire*) _____.
9. I miei vicini (*pulire*) _____ la casa tutti i giorni.
10. ▶ Uscite con noi stasera? ▶ No, (*preferire*) _____ restare a casa.
11. (*voi-preferire*) _____ mangiare a casa o al ristorante?

ALICE, BEATRICE E DAMIANO

**Questi tre testi sono scritti da giovani studenti italiani.
I tre ragazzi si presentano, parlano della loro famiglia e dei loro gusti.
I testi non sono integrali.**

A

Io sono ALICE, ho 11 anni e abito ad Arma di Taggia.
Mi piace vestire sportivo e non mi piace tanto l'eleganza; ad esempio: vestitini, gonne ecc. Mi piacciono anche i tatuaggi e la TV.
I miei hobby sono: la musica, il disegno, gli animali e soprattutto 2 sport: il tennis e l'equitazione.
La mia famiglia è formata da me, i miei genitori, il mio fratellino dispettoso e i nostri animali.
I miei genitori sono molto giovani, sì non troppo, ma sono teneri e buonissimi con me e con mio fratello. Mio fratello invece è un po' dispettoso e birichino e mi ha fatto passare la voglia di avere anche una sorellina.
I miei animali sono un cucciolo di yorkshire che si chiama Noè, una cagnolina dobermann di nome India, due criceti che si chiamano Kitty e Jack, e tre cavalli: Nevada, Principessa e Rubro.
Ciao !

Alice

17. Leggi il testo e segna le risposte corrette.

1. Ad Alice piace vestire in modo elegante.   V   F
2. Le piacciono i tatuaggi.   V   F
3. I suoi hobby sono:
   - ○ danza
   - ○ tennis
   - ○ musica
   - ○ equitazione
   - ○ animali
   - ○ nuoto
4. Alice ha due sorelline.   V   F
5. I suoi genitori sono:
   - ○ anziani e severi
   - ○ teneri e buonissimi
6. Suo fratello è dispettoso.   V   F
7. Alice ha due cavalli e un cane.   V   F

B

Mi chiamo BEATRICE, ho 11 anni.
Il mio colore preferito è il rosa, però mi piacciono un po' quasi tutti.
La mia migliore amica è Marina.
Mi piace mangiare i ravioli, gli gnocchi, la bistecca impanata e soprattutto la frutta. Mi piace l'acqua e la coca-cola.
A me piace giocare con la play station, con il game boy e con i miei amici.
I miei animali preferiti sono i conigli e le cocorite.
Il mio programma televisivo preferito è Art Attak & Relic Hunter. Gli sport che preferisco sono: danza, tennis e nuoto.
Le materie che non mi piacciono sono: geometria e italiano.
Ciao !

Beatrice

18. Leggi il testo e segna le risposte corrette.

1. A Beatrice non piace il colore rosa.   V   F
2. Marina è la cugina di Beatrice.   V   F
3. A Beatrice piacciono:
   - ○ le lasagne
   - ○ i ravioli
   - ○ i tortellini
   - ○ le tagliatelle
   - ○ gli gnocchi
4. A Beatrice non piace la frutta.   V   F
5. A Beatrice piace giocare con la play station.   V   F
6. I suoi animali preferiti sono:
   - ○ conigli
   - ○ gatti
   - ○ cani
   - ○ cocorite
7. Beatrice non guarda mai la televisione.   V   F
8. Beatrice è una ragazza sportiva.   V   F
9. A scuola la sua materia preferita è la geometria.   V   F

C) Mi chiamo DAMIANO. Ho undici anni e frequento la prima media.
Mio papà si chiama Giovanni e lavora a Levà, mia mamma si chiama Gianna e insegna alla scuola elementare.
Ho una sorella più grande di me che frequenta la terza media e si chiama Francesca.
Ho la passione per il ciclismo.
Mi piacciono molto i libri di scienza e spazio perché mi incuriosiscono.
Le mie pietanze preferite sono gli spaghetti con il pomodoro e... le lumache.
La mia materia preferita è matematica.
Amo vestire sportivo perché così posso giocare in libertà.
Ciao!

Damiano

http://users.libero.it

19. Leggi il testo e segna le risposte corrette.

1. Damiano frequenta la terza media. V F
2. La mamma di Damiano insegna all'università. V F
3. Francesca è più grande di Damiano. V F
4. Damiano è appassionato di calcio. V F
5. Damiano legge libri di scienza. V F
6. A Damiano piacciono molto gli spaghetti e le lumache. V F
7. La sua materia preferita è la storia. V F

20. COSA RICORDI DI ALICE, BEATRICE E DAMIANO?

Dopo aver letto i tre testi, formate tre gruppi. Ogni gruppo deve descrivere oralmente una persona a scelta:
ALICE o BEATRICE o DAMIANO.

21. DAVIDE SI PRESENTA...

Completa il testo con queste parole.

• pianoforte • calcio • ~~mi chiamo~~ • mi piace • frequento • chiesa • tifoso • ciclismo • anni • musica • amo

<u>Mi chiamo</u> Davide, ho 11 _____ e _____ la prima media.
_____ gli sport come il _____, il rally, il _____ e sono _____ dell'INTER.
Sono appassionato di _____ e suono il _____, e ogni NATALE suono in _____ durante la messa di mezzanotte.
_____ la musica di Mozart e di Strauss e il brano che amo di più è *Danubio Blu*.
Ciao ! *Davide*

22. E TU?

Scrivi un breve testo per presentarti: parla di te, della tua famiglia, delle cose che ti piacciono e di quelle che non ti piacciono, delle tue passioni, dei tuoi sport preferiti ecc.

7 La ragazza con i capelli viola

Bologna è vicina e alcuni passeggeri si preparano a scendere. Qualcuno si sveglia, guarda il cellulare per vedere che ora è e quanto tempo manca all'arrivo.
Qualcuno si alza, tira giù le valigie e si incammina in anticipo verso le porte.
Qualcuno tira fuori dalla borsa uno specchietto, si pettina, si mette il rossetto, chiude il libro e saluta chi rimane in treno.
Nella carrozza numero 4 c'è una ragazza che viaggia spesso con un cagnolino nella borsa.
Si siede, di solito, vicino al finestrino, si toglie gli occhiali da sole, si copre le spalle e si addormenta subito.
Quando passa il controllore, il suo cagnolino comincia ad abbaiare e lei si sveglia.
Piero sorride: conosce bene il cagnolino che si chiama Lillo. Non sa il nome della ragazza, ma la ricorda bene perché ha i capelli viola, porta sempre dei grandi orecchini vistosi e si veste in modo eccentrico. Oggi è molto stanca e Lillo non smette di abbaiare.
"Basta Lillo, ho capito che devo mostrare il biglietto!" dice la ragazza.
"Bravo Lillo! — dice Piero — Vorrei anch'io un cagnolino per svegliarmi al mattino presto!"

1. **a. Leggi il testo, riconosci e segna le azioni che fanno i passeggeri.**

1. **b. Leggi il testo e segna le risposte corrette.**

1. Il treno è lontano da Bologna.   V   F
2. Alcuni passeggeri si preparano a scendere.   V   F
3. Qualcuno si sveglia e guarda che ora è.   V   F
4. Qualcuno si alza, prende le valigie e si incammina verso le porte.   V   F
5. Nella carrozza sette viaggia una ragazza con un cagnolino.   V   F
6. La ragazza si mette gli occhiali da sole.   V   F
7. Quando passa il controllore, il cagnolino dorme.   V   F
8. Piero conosce il nome della ragazza.   V   F
9. La ragazza ha i capelli biondi ed è vestita in modo semplice.   V   F
10. Il cagnolino si chiama Lillo.   V   F
11. Piero dice che Lillo è bravo e che anche lui vorrebbe un cagnolino.   V   F

EPISODIO 7 ■ 95

2. Rileggi il testo e cerca tutti i verbi riflessivi al presente indicativo. Trascrivi nei riquadri i verbi trovati e l'infinito corrispondente. Confrontati con un compagno.

si preparano	→	prepararsi		→	
	→			→	
	→			→	
	→			→	
	→			→	
	→			→	
	→				

3. **UN RISVEGLIO SOTTOSOPRA**

Piero si sveglia e poi... Riordina le vignette e scrivi sotto ad ognuna cosa fa.

1. ○   3. ○   5. ○   7. ○
2. ○   4. ○   6. ○   8. ○

FACCIAMO GRAMMATICA

VERBI RIFLESSIVI

Un verbo è **riflessivo** quando l'azione del soggetto **ritorna** (si riflette) sul soggetto stesso.

Verbo non riflessivo — GIANNI LAVA I PIATTI
L'azione di Gianni ricade sui piatti

Verbo riflessivo — GIANNI SI LAVA
L'azione di Gianni ricade su Gianni

I **verbi riflessivi** si coniugano con i pronomi riflessivi: **MI, TI, SI, CI, VI, SI**

	LAV**ARSI**		PERD**ERSI**		VEST**IRSI**	
io	mi	lav-**o**	mi	perd-**o**	mi	vest-**o**
tu	ti	lav-**i**	ti	perd-**i**	ti	vest-**i**
lui/lei	si	lav-**a**	si	perd-**e**	si	vest-**e**
noi	ci	lav-**iamo**	ci	perd-**iamo**	ci	vest-**iamo**
voi	vi	lav-**ate**	vi	perd-**ete**	vi	vest-**ite**
loro	si	lav-**ano**	si	perd-**ono**	si	vest-**ono**

4. Completa le frasi con i verbi coniugati al presente indicativo.

1. Marcella (*pettinarsi*) __si pettina__ sempre in modo strano.
2. Quando posso, (*alzarsi*) _____ tardissimo.
3. Marco, (*farsi*) _____ la doccia ogni giorno?
4. Perché (*voi-vestirsi*) _____ in questo modo?
5. Perché non (*tu-prepararsi*) _____? Dobbiamo uscire, siamo in ritardo!
6. Marta (*truccarsi*) _____ in modo molto pesante. Sembra un clown.
7. Sono stanca. (*Mettersi*) _____ il pigiama e vado a letto.
8. Appena rientro in casa (*togliersi*) _____ le scarpe.
9. Mia madre (*ricordarsi*) _____ sempre del mio compleanno, io invece non (*ricordarsi*) _____ sempre del suo.
10. Voi (*dimenticarsi*) _____ sempre di spegnere la luce quando uscite.
11. Luigi (*fermarsi*) _____ a dormire a casa stasera.
12. Michele (*preoccuparsi*) _____ troppo quando deve organizzare una festa.
13. Ogni sera i miei genitori (*addormentarsi*) _____ davanti alla TV.
14. Stefania (*svegliarsi*) _____ ogni mattina alle 6.00.
15. Quando c'è un goal, tutti i tifosi (*alzarsi*) _____ in piedi e gridano.
16. Perché non (*noi-sedersi*) _____ e parliamo un po'?

5. INTERVISTA INVADENTE

Intervista una persona della tua classe sulle sue abitudini.

- ora / alzarsi la mattina
- vestirsi in fretta o lentamente
- farsi la barba / tutti i giorni (uomo)
- truccarsi / tutti i giorni (donna)
- quando / vestirsi in modo elegante o sportivo
- tagliarsi i capelli ogni mese/settimana/anno/ecc.
- addormentarsi davanti alla TV
- arrabbiarsi facilmente (di solito perché / quando)
- guardarsi molto allo specchio / specchiarsi nelle vetrine

> A CHE ORA TI ALZI, LA MATTINA?
>
> IO MI ALZO ALLE 7.00.

6.

Dopo l'intervista al tuo compagno o alla tua compagna, prova a dire cosa avete o non avete in comune, secondo lo schema.

COSA AVETE IN COMUNE?

IO…	LUI/LEI INVECE…	TUTTI/TUTTE E DUE…
– Io mi alzo alle sette	– Lui/Lei invece si alza alle otto	– Tutti/Tutte e due ci alziamo alle sette

7. LA MATTINA A CASA MIA…

Completa il testo con i verbi al presente indicativo.

- mettersi • truccarsi • alzarsi (2) • cambiarsi • provarsi • svegliarsi • prepararsi (2) • guardarsi
- arrabbiarsi • farsi (2) • vestirsi

Il primo che si sveglia è mio padre. Ogni mattina (lui) _____ alle 6.45 e prepara la colazione per tutti.

Poi va in bagno, _____ la doccia, _____ la barba e mi chiama molte volte perché io non _____ subito.

Quando _____ sono già le 7.30 e mia madre è in bagno che _____ e _____ per andare al lavoro.

Mio padre è già vicino alla porta e quasi sempre _____ con me perché non sono ancora pronto per uscire.

Ma io, all'ultimo momento, non trovo mai un quaderno o un libro o il diario e allora, ogni mattina, a casa mia la scena è questa:

"Mamma, non trovo il libro di matematica…"

"Perché (tu) non _____ lo zaino la sera prima?"

"Dai, sbrigati, che arrivi tardi a scuola!"

"Un attimo, _____ le scarpe e sono pronto!"

Intanto mia sorella, che ha quattordici anni, _____ in camera sua, _____ dieci volte, _____ scarpe, vestiti e magliette, _____ allo specchio continuamente e fa un gran disordine.

Per fortuna lei non deve uscire con noi, la sua scuola è a due passi da casa, eppure a volte arriva in ritardo.

FACCIAMO GRAMMATICA

VERBI RIFLESSIVI RECIPROCI

I verbi **riflessivi** sono **reciproci** quando due o più soggetti fanno la stessa cosa. In questo caso l'azione è reciproca, cioè passa da una persona all'altra.
Osserva questa frase:

L'azione di Gianni (soggetto) ricade su Mario (oggetto)

(Gianni saluta Mario e Mario saluta Gianni)

L'azione di Gianni ricade su Mario e l'azione di Mario ricade su Gianni

Con i verbi riflessivi reciproci il soggetto è sempre plurale: **noi, voi, loro**.

- (noi)   Io e Laura **ci** incontriamo
- (voi)   Tu e Carla **vi** abbracciate
- (loro) Marco e Chiara **si** salutano

ECCO ALCUNI VERBI RECIPROCI MOLTO USATI: incontrarsi, vedersi, salutarsi, abbracciarsi, baciarsi, conoscersi, darsi del *tu*, darsi la mano, darsi del *Lei*

8. Completa i dialoghi con i verbi al presente indicativo.

1. ▶ Allora, dove (*noi-vedersi*) _____ stasera e a che ora?
   ▶ Guarda, (*incontrarsi*) _____ a Piazza di Spagna alle otto, ti va bene?
2. ▶ Tu e Livia (*conoscersi*) _____ da tanto tempo, vero?
   ▶ Sì, sì, (*conoscersi*) _____ da più di dieci anni.
3. ▶ Quando (*sposarsi*) _____ Francesco e Claudia?
   ▶ Sono sicuro che (*sposarsi*) _____ a luglio, ma non so la data precisa.
4. ▶ Quando parti?
   ▶ Sabato prossimo.
   ▶ Ma (*noi-vedersi*) _____ prima della partenza?
   ▶ Certo, così (*salutarsi*) _____.
5. ▶ Ti fa piacere se (*noi-darsi*) _____ del tu?
   ▶ Certo che mi fa piacere. (*Conoscersi*) _____ già da un po'!
6. ▶ Voi italiani (*salutarsi*) _____ sempre così affettuosamente?
   ▶ Beh, tra amici sì, ma quando due persone che non (*conoscersi*) _____ (*incontrarsi*) _____ per la prima volta, (*presentarsi*) _____ e (*salutarsi*) _____ con una stretta di mano.

9. USI E COSTUMI DEL TUO PAESE

In Italia i ragazzi che si conoscono bene e che sono amici, quando si incontrano, si abbracciano, a volte si baciano, si danno una pacca sulla spalla e naturalmente si danno del *tu*.
Gli adulti quando si incontrano si salutano in modo più formale, si danno la mano e quasi sempre si danno del *lei*.
Cosa fate tu e i tuoi amici?
Come si salutano le persone nel tuo Paese?
Chi si dà del *tu*? Chi si dà del *lei*?

**Lavora in piccoli gruppi e discuti con i compagni di queste cose. Poi confronta le diverse abitudini con l'intera classe.
Alla fine raccogli tutte le informazioni e scrivi un breve testo per descrivere le abitudini nei diversi Paesi.**

FACCIAMO GRAMMATICA

IL PRONOME E L'INFINITO

Ricordi questa frase di Piero? «Vorrei anch'io un cagnolino per **svegliarmi** al mattino presto!»
Quando usiamo un verbo riflessivo all'infinito il **pronome riflessivo** si mette **dopo il verbo**.
Verbo e pronome formano **una parola sola**. La "*e*" dell'infinito si elimina.

SVEGLIARE + MI → SVEGLIAR**MI**

10. HO BISOGNO DI ...

Combina gli elementi della colonna A con quelli della colonna B.

A
1. (C) una sveglia
2. un pettine
3. un sapone
4. un asciugamani
5. un vestito
6. un phon
7. un letto
8. uno specchio
9. uno spazzolino

B
A. per specchiarmi
B. per asciugarmi i capelli
C. per svegliarmi
D. per lavarmi i denti
E. per pettinarmi
F. per riposarmi
G. per vestirmi
H. per asciugarmi
I. per lavarmi

11. Dopo aver abbinato le frasi sopra, riscrivile usando questi soggetti.

LEI
Ha bisogno di
una sveglia per svegliar**si**

NOI
Abbiamo bisogno di
una sveglia per svegliar**ci**

VOI
Avete bisogno di
una sveglia per svegliar**vi**

12. AUDIO 16 PRONTO, ALICE?

Ascolta la telefonata e segna le risposte corrette.

1. Piero telefona a: ○ Giovanna ○ Alice ○ Milena
2. Piero è il cugino di Alice. V F
3. Piero dice che non ha nessun problema. V F
4. Piero domanda ad Alice che cosa sta facendo. V F
5. Piero dice che aspetta la chiamata di Alice. V F

13. Queste sono le battute dell'impiegata e di Alice. Inserisci queste frasi e completa la telefonata.

- ▶ Ciao, Piero, a dopo!
- ▶ Pronto, Piero, che c'è?
- ▶ No, Piero, scusami! In questo momento non posso.
- ▶ Attenda un attimo, gliela passo.
- ▶ Pronto, Galleria Colombari, buongiorno.
- ▶ Dai, Piero! Sto lavorando, sto parlando con un cliente. Ti richiamo io tra poco.
- ▶ Chi la desidera?

▶ _____
▶ Pronto, buongiorno. Vorrei parlare con Alice Ferrari, per favore.
▶ _____
▶ Sono suo fratello, Piero Ferrari.
▶ _____
▶ Grazie... Pronto, Alice?
▶ _____
▶ Senti, ho un problema.
▶ _____
▶ Perché che stai facendo?
▶ _____
▶ Va bene, aspetto la tua chiamata, ciao!
▶ _____

14. 💬 UNA TELEFONATA

Ora lavora con due compagni: uno ha il ruolo dell'impiegata, uno quello di Piero, il terzo di Alice. Ogni studente cerca di imparare le sue battute e insieme recitate la telefonata.

PER COMUNICARE IN ITALIANO

FARE UNA TELEFONATA

PRONTO!

Per rispondere al telefono	**Pronto!**
Per chiedere di parlare con qualcuno	**Vorrei parlare con... C'è... (Carla)?**
Per sapere chi telefona	**Chi è / Chi parla?** **Chi lo/la desidera?**
Per chiedere di aspettare	**(Attenda / Attendi) un attimo, per favore.**
Per dire che si passa la linea a un'altra persona	**Glielo/Gliela / Te lo/Te la passo**
Per confermare che sono io se qualcuno vuole parlare con me	**Sono io.**
Per presentarsi al telefono	**Sono... (Piero Ferrari)**
Per dire che telefono di nuovo	**Ti/La richiamo.**
Per chiedere di lasciare un messaggio	**Posso lasciare un messaggio?**

15. Riordina queste conversazioni telefoniche.
Quale delle due conversazioni ti sembra più formale? Perché?

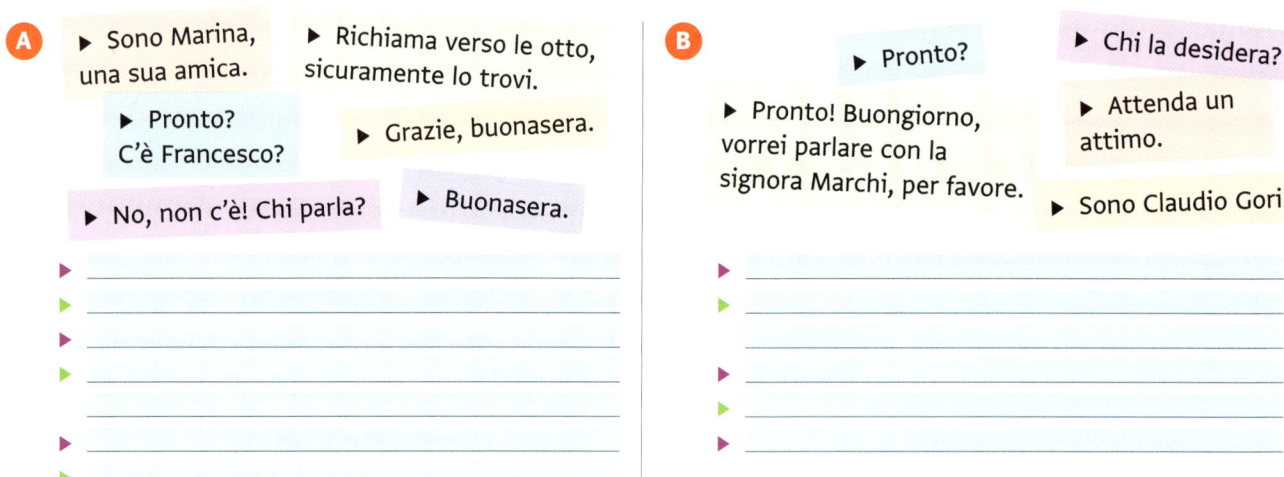

16. 💬 PRONTO?

Lavorate in coppia. Fate una telefonata: uno studente ha il ruolo di A, l'altro di B.

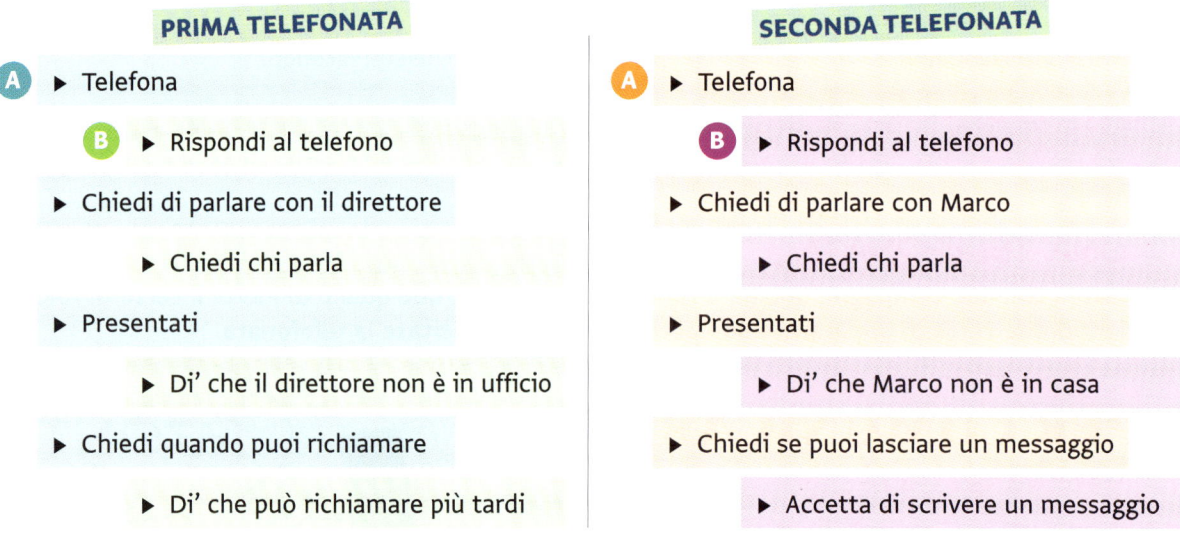

FACCIAMO GRAMMATICA

STARE + GERUNDIO

Ricordi questa frase nella telefonata tra Piero e Alice?
«*Dai, Piero,* **sto lavorando**, **sto parlando** *con un cliente.*»
Per esprimere un'azione progressiva si usa il verbo *stare* + gerundio

	STARE
io	sto
tu	stai
lui/lei	sta
noi	stiamo
voi	state
loro	stanno

GERUNDIO

mangi-**are** → mangi-**ando**
legg-**ere** → legg-**endo**
part-**ire** → part-**endo**

+

Sto mangiando
Sto leggendo
Sto partendo

17. CHE COSA STANNO FACENDO?

Guarda i disegni e scrivi cosa stanno facendo le persone.

Due ragazze _____   Due bambini _____   Un ragazzo _____

Un signore _____   Una signora _____   Due persone _____   Un neonato _____

Un turista _____   Una ragazza _____   Un ragazzo _____

18. Completa le frasi con la forma *stare* + gerundio al presente indicativo.

1. ▶ Marco, cosa (*leggere*) __stai leggendo__ ? ▶ Un libro di poesie.
2. ▶ Che fai? ▶ (*cucinare*) _____.
3. ▶ Apri la porta! ▶ Non posso, (*fare*) _____ il bagno al bambino.
4. ▶ Dov'è Giulio? ▶ (*parlare*) _____ con due clienti.
5. Fate piano, i bambini (*dormire*) _____.
6. ▶ Pronto, ciao Paolo, come stai? ▶ Ah, scusa Gianni, (*uscire*) _____. Ti richiamo.
7. Sbrigati Gino, il treno (*partire*) _____.
8. Sara, prendi l'ombrello perché (*piovere*) _____.
9. Marco (*organizzare*) _____ una festa di fine corso.
10. ▶ Ma dove sei? Sono 20 minuti che ti aspetto! ▶ Arrivo subito, (*scendere*) _____ dall'autobus.
11. Il museo è chiuso al pubblico. (*Loro-ristrutturare*) _____ alcune sale.

19. PREPARARSI PER UNA FESTA!

Lavinia e Valentina (Lavi e Vale) si preparano per una festa. Si scrivono messaggi per organizzarsi, ma soprattutto per decidere come vestirsi. Dopo il primo scambio di messaggi ①, in che ordine stanno gli altri quattro? Leggi e ricomponi la sequenza giusta.

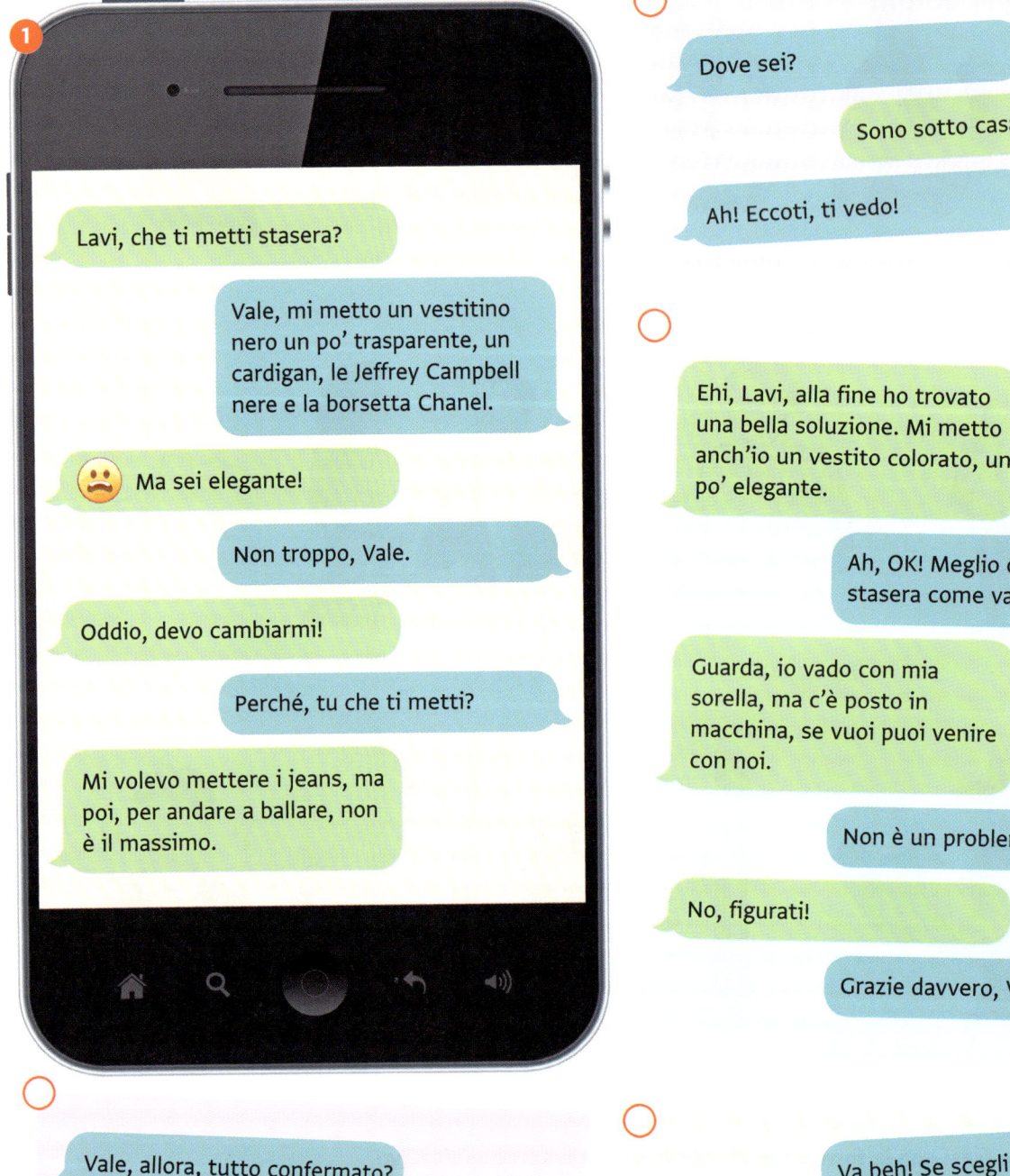

1

Lavi, che ti metti stasera?

Vale, mi metto un vestitino nero un po' trasparente, un cardigan, le Jeffrey Campbell nere e la borsetta Chanel.

😟 Ma sei elegante!

Non troppo, Vale.

Oddio, devo cambiarmi!

Perché, tu che ti metti?

Mi volevo mettere i jeans, ma poi, per andare a ballare, non è il massimo.

○

Dove sei?

Sono sotto casa.

Ah! Eccoti, ti vedo!

○

Ehi, Lavi, alla fine ho trovato una bella soluzione. Mi metto anch'io un vestito colorato, un po' elegante.

Ah, OK! Meglio così. Ma tu stasera come vai lì?

Guarda, io vado con mia sorella, ma c'è posto in macchina, se vuoi puoi venire con noi.

Non è un problema?

No, figurati!

Grazie davvero, Vale, a dopo.

○

Vale, allora, tutto confermato?

Sì, stiamo arrivando!

Inizio a scendere?

Stiamo salendo in macchina, quindi tra due minuti scendi!

Perfetto!

○

Va beh! Se scegli una magliettina carina, ci stanno anche i jeans. Chiara si veste così!

Mmh..., ora vedo cosa posso fare. Forse mi provo un vestito anch'io.

Fammi sapere!

20. Osserva queste battute tra Lavinia e Valentina e associa ogni battuta alla funzione comunicativa.

1. ◯ Tu stasera come vai lì?
2. ◯ Guarda, io vado con mia sorella, ma c'è posto in macchina, se vuoi puoi venire con noi.
3. ◯ Non è un problema?
4. ◯ No, figurati!
5. ◯ Grazie, a dopo.

A. Conferma la sua disponibilità
B. Ringrazia
C. Risponde e dice che è disponibile a fare un favore
D. Chiede un'informazione/un favore
E. Chiede se non è un problema

PER COMUNICARE
IN ITALIANO

CHIEDERE UN FAVORE

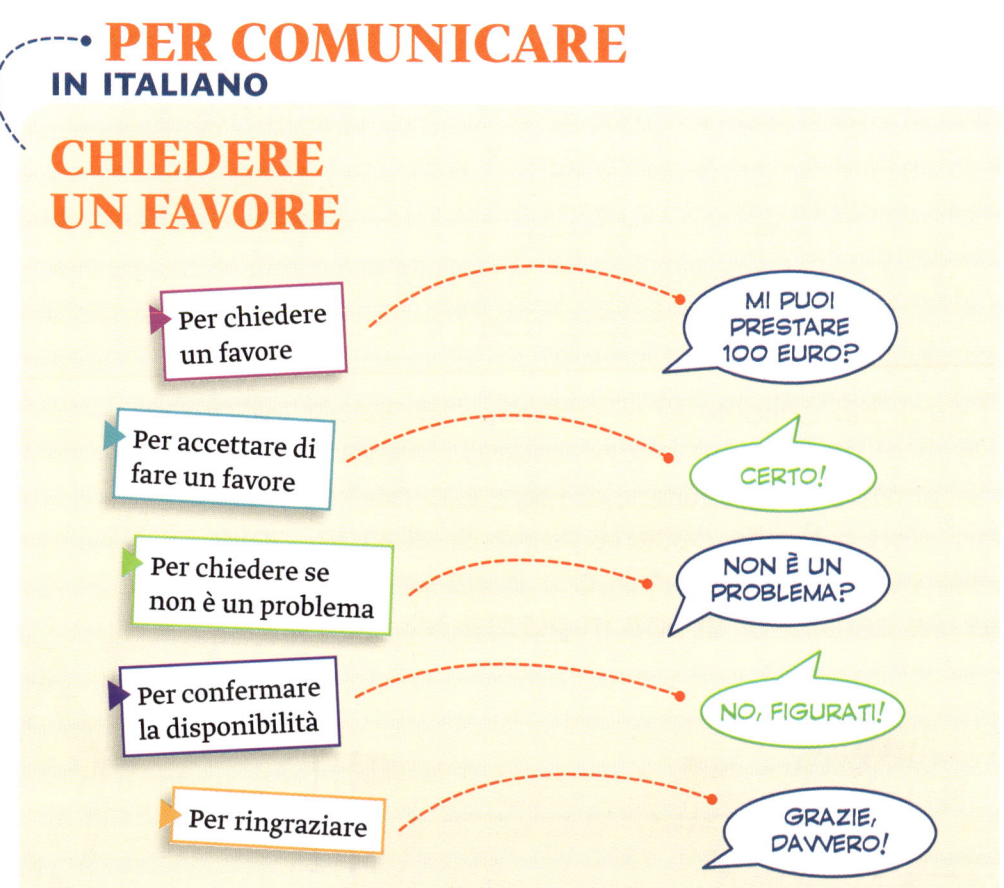

- Per chiedere un favore → MI PUOI PRESTARE 100 EURO?
- Per accettare di fare un favore → CERTO!
- Per chiedere se non è un problema → NON È UN PROBLEMA?
- Per confermare la disponibilità → NO, FIGURATI!
- Per ringraziare → GRAZIE, DAVVERO!

21. 💬 **SCUSA, MI PUOI…?**

Lavorate in coppia e a turno, per ogni situazione presentata, uno ha il ruolo di chi chiede un favore e l'altro risponde.

- dare un passaggio in macchina
- tenere il bambino per qualche ora nel pomeriggio
- prestare la bicicletta per il fine settimana
- prestare un vestito elegante per una festa
- aiutare a fare gli esercizi di matematica
- accompagnare a fare la spesa

8 Bologna, piazza Grande

EPISODIO

Il treno si ferma a Bologna, la stazione dove passano quasi tutti i treni che attraversano l'Italia.
Baci e abbracci, sui binari, di tanti giovani che trascinano zaini e valigie, studenti da tutti i Paesi del mondo che si ritrovano in questa calorosa città, la più antica e moderna città universitaria.
Gli italiani la chiamano "Bologna la dotta" perché qui è nata la più antica università d'Europa. Ma anche "Bologna la rossa", per la sua tradizione politica e "Bologna la grassa", per la sua cucina ricca di piatti famosi in tutto il mondo: il ragù alla bolognese, i tortellini, i tortelloni, le lasagne.
Bologna sportiva, Bologna intellettuale, Bologna teatrale e artistica, Bologna popolare, Bologna con i colli bolognesi, dove si va a prendere il fresco.
Bologna con i suoi 38 chilometri di portici, dichiarati patrimonio dell'umanità, dove si passeggia anche quando piove o fa caldissimo, e le strade e stradine del mercato con le vetrine cariche di buon cibo e tante osterie piene di allegria, dove si mangia e si beve bene anche con poco. E da una di queste piccole strade del centro si sbuca in piazza Maggiore.

Com'è grande questa piazza! Forse per questo i bolognesi la chiamano piazza Grande, perché contiene tutti i grandi simboli della città: la basilica di san Petronio, il palazzo Comunale, il palazzo dei Banchi, che ricorda i banchieri medievali conosciuti in tutta Europa, e la bella fontana del Nettuno.
Ma qual è il monumento più famoso della città che tutti i turisti vanno a visitare?
Se si cammina per una delle tante strade dietro piazza Maggiore, insieme alla folla di turisti, si arriva in un luogo dove spuntano due torri medievali pendenti: la torre della Garisenda e la torre degli Asinelli, da cui si può ammirare la città dall'alto.

1. a. **Leggi il testo e completa lo schema con le informazioni su Bologna.**

1. b. **Collega gli elementi della colonna a sinistra con quelli della colonna a destra.**

Gli italiani chiamano Bologna:
1. la dotta
2. la rossa
3. la grassa

a. per la sua tradizione politica.
b. per la buona cucina e il buon cibo.
c. per la sua cultura e la sua antica università.

2. **Rileggi queste brevi parti del testo su Bologna, cerca e trascrivi tutti i verbi che esprimono quello che si fa in alcuni luoghi.**

> Bologna sportiva, Bologna intellettuale, Bologna teatrale e artistica, Bologna popolare, Bologna con i colli bolognesi, dove si va a prendere il fresco. Bologna con i suoi 38 chilometri di portici, dichiarati patrimonio dell'umanità, dove si passeggia anche quando piove o fa caldissimo, e le strade e stradine del mercato con le vetrine cariche di buon cibo e tante osterie piene di allegria, dove si mangia e si beve bene anche con poco. E da una di queste piccole strade del centro si sbuca in piazza Maggiore.
> Se si cammina per una delle tante strade dietro piazza Maggiore, insieme alla folla di turisti, si arriva in un luogo dove spuntano due torri medievali pendenti: la torre della Garisenda e la torre degli Asinelli...

1. Sui colli bolognesi _____ a prendere il fresco.
2. Sotto i portici _____.
3. Nelle osterie _____ e _____.
4. Da una piccola strada del centro _____ in piazza Maggiore.
5. Se _____ per una delle tante strade dietro piazza Maggiore _____ in un luogo con due torri medievali: la torre della Garisenda e la torre degli Asinelli.

3. Osserva i verbi che hai trascritto e completa il testo.

Tutti i verbi sono preceduti dalla particella _____ e sono tutti alla
○ 1ª   ○ 2ª   ○ 3ª persona   ○ singolare   ○ plurale

Questa forma:
si riferisce a un soggetto preciso   ○ sì   ○ no
si riferisce a un soggetto impersonale   ○ sì   ○ no

4. Trasforma le frasi secondo il modello.

I bolognesi passeggiano sotto i portici ⟶ *A Bologna si passeggia sotto i portici*

Gli italiani generalmente…
1. vanno in ferie in agosto.
2. cenano alle otto o alle otto e mezzo.
3. pranzano all'una circa.
4. cucinano bene.
5. mangiano poco a colazione.
6. a tavola parlano di cibo.
7. fanno colazione con un cappuccino e un cornetto.
8. vanno a scuola da settembre a giugno.
9. vanno fuori per il week-end.
10. a Natale stanno con la famiglia.
11. escono la sera durante il week-end.

In Italia, generalmente…
1. _____
2. _____
3. _____
4. _____
5. _____
6. _____
7. _____
8. _____
9. _____
10. _____
11. _____

5. ✏ **COSA SI FA…**

Ora scrivi un elenco simile e descrivi le abitudini nel tuo Paese.

Nel mio Paese…

FACCIAMO GRAMMATICA

FORMA IMPERSONALE

Quando non vogliamo usare un soggetto preciso, ma vogliamo esprimere un soggetto generico, usiamo la **forma impersonale** del verbo.

In Italia **si mangia** bene [tutti mangiano]
A Bologna **si passeggia** sotto i portici [tutti passeggiano]

La forma impersonale si forma con *SI* + **3ª persona singolare** del verbo.

HO TROVATO UN ORECCHINO...

Il treno è arrivato a Bologna. Enzo, il baby-sitter, ha preparato le bambine per scendere. Le bambine hanno salutato la signora seduta vicino a loro e sono uscite dalla carrozza. Vicino alla porta, Gaia ha trovato per terra un orecchino molto bello:
"Enzo, guarda, ho trovato un orecchino, guarda che bello!"
"Sì, ma non è tuo, è caduto a qualcuno, chissà chi lo ha perso?"
In quel momento passa Piero, il controllore.

6. AUDIO 17 **QUESTO È MATTO!**

Mentre Piero cerca la ragazza con i capelli viola, squilla il suo cellulare. Ascolta la telefonata e segna le cose che hanno fatto Piero (P), Milena (M) e la ragazza con i capelli viola (R).

	P	M	R
1. È andata al supermercato per fare la spesa.	○	○	○
2. È appena tornata a casa.	○	○	○
3. È arrivato/a a Bologna.	○	○	○
4. Ha finito il primo giro di controllo.	○	○	○
5. Stamattina è arrivato tardi al lavoro.	○	○	○
6. Ha chiamato al telefono per decidere un appuntamento.	○	○	○
7. Ha perso un orecchino.	○	○	○
8. Ha trovato un orecchino.	○	○	○
9. È tornata indietro a cercare un orecchino.	○	○	○
10. Ha riattaccato il telefono.	○	○	○

7. AUDIO 17 Ascolta più volte la telefonata e completa il testo.

Milena: Pronto, Piero?
Piero: Oh ciao Milena, come va?
Milena: Eh, come va… sono stanca morta!
Piero: Perché? Che _____?
Milena: _____ al supermercato a fare la spesa, _____ appena _____, mia madre mi _____ una lista infinita di cose da comprare… E tu, invece?
Piero: _____ appena _____ a Bologna, _____ già _____ il primo giro di controllo biglietti. Stamattina _____ un po' tardi. Ma tu perché mi _____?
Milena: Ma come, Piero, non ti ricordi che dobbiamo metterci d'accordo per l'appuntamento a Salerno?
Piero: Ah, sì! Però adesso no, non è il momento…!
Milena: Perché, che succede?
Piero: Senti, _____ un orecchino, è di una ragazza… una con i capelli viola… l'orecchino le _____ qui in treno… la devo cercare…
Milena: Ma chi è questa ragazza?
Piero: Non lo so, la vedo ogni venerdì… scende sempre a Bologna… Ah, eccola… eccola… _____ indietro! _____ sicuramente a cercare l'orecchino… Ti devo lasciare. Ciao… ciao…
Milena: Piero, ma quando ci risentiamo?…Piero, Piero!… _____… Ma questo è matto!

8. Ora osserva i verbi che hai trascritto e prova a rispondere.

- I verbi si riferiscono ○ al passato ○ al presente
- I verbi sono formati da ○ 1 parola ○ 2 parole
- Il **passato prossimo** è un tempo ○ semplice ○ composto
- Si forma con i **verbi ausiliari** _____ e _____ al presente indicativo + il **participio passato** del verbo.
- Quando si usa il verbo _____ il participio passato è invariabile.
- Quando si usa il verbo _____ il participio passato è variabile e concorda con ○ il soggetto ○ l'oggetto
- Se il soggetto è **maschile singolare**, il participio termina con la vocale ____.
- Se il soggetto è **femminile singolare**, il participio termina con la vocale ____.
- Se il soggetto è **maschile plurale**, il participio termina con la vocale ____.
- Se il soggetto è **femminile plurale**, il participio termina con la vocale ____.

9. Giulia è tornata a casa dalle vacanze e ha fatto molte cose. Abbina gli elementi della colonna A a quelli della colonna B.

A
1. (I) Sono tornata
2. ○ Ho scritto
3. ○ Sono andata
4. ○ Ho risposto
5. ○ Ho pulito
6. ○ Ho comprato
7. ○ Ho pagato
8. ○ Ho organizzato
9. ○ Ho svuotato
10. ○ Ho fatto

B
A. dal medico.
B. a molti messaggi.
C. la casa.
D. il giornale.
E. la valigia.
F. un'e-mail.
G. una cena per gli amici.
H. la spesa.
I. dalle vacanze.
L. la bolletta della luce.

10. CHI CERCA TROVA

Gira per la classe, fa' queste domande ai tuoi compagni per cercare una persona che risponde "sì". Se la trovi, scrivi il suo nome accanto alla domanda.
Quando hai trovato una persona per ogni domanda il gioco è finito.
Vince chi trova per primo tutte o il numero massimo di risposte positive.

TROVA QUALCUNO CHE IERI SERA...

- ha bevuto troppo
- ha incontrato gli amici
- ha guardato la TV
- è andato a letto alle 9.00
- ha cucinato per molte persone
- è andato in discoteca
- è uscito con la ragazza/il ragazzo
- ha studiato italiano
- ha cenato in un ristorante italiano
- ha telefonato a una persona di famiglia

FACCIAMO GRAMMATICA

PASSATO PROSSIMO

Il **passato prossimo** è un tempo verbale composto, formato da due parti:

VERBO AUSILIARE (*ESSERE O AVERE*) AL PRESENTE INDICATIVO + **PARTICIPIO PASSATO**

Ho mangiato
Sono andato
Ho parlato
Sono tornato

Il participio passato dei verbi regolari si forma così:
parl-**are** → parl-**ato**
cred-**ere** → cred-**uto**
part-**ire** → part-**ito**

Quando si usa l'**ausiliare essere** il participio passato concorda con il **soggetto** e può essere maschile o femminile, singolare o plurale.

	PARL**ARE**		CRED**ERE**		PART**IRE**	
io	ho	parl**ato**	ho	cred**uto**	sono	part**ito/a**
tu	hai	parl**ato**	hai	cred**uto**	sei	part**ito/a**
lui/lei	ha	parl**ato**	ha	cred**uto**	è	part**ito/a**
noi	abbiamo	parl**ato**	abbiamo	cred**uto**	siamo	part**iti/e**
voi	avete	parl**ato**	avete	cred**uto**	siete	part**iti/e**
loro	hanno	parl**ato**	hanno	cred**uto**	sono	part**iti/e**

	AVERE		**ESSERE**	
io	ho	avuto	sono	stato/a
tu	hai	avuto	sei	stato/a
lui/lei	ha	avuto	è	stato/a
noi	abbiamo	avuto	siamo	stati/e
voi	avete	avuto	siete	stati/e
loro	hanno	avuto	sono	stati/e

11. Completa i participi passati nel modo corretto.

1. Ieri sera ho incontrat___ Valerio a Piazza Navona e siamo andat___ a mangiare una pizza insieme.
2. Luisa non è venut___ con noi perché ha finit___ di lavorare troppo tardi.
3. Stamattina Marina si è alzat___ prestissimo ed è partit___ con il treno delle 7.00.
4. A che ora (*voi*) siete uscit___ da scuola ieri?
5. Chi ha preparat___ questa torta? È buonissima!
6. Bambini, avete mangiat___ tutti i cioccolatini? Questa volta avete esagerat___!
7. Le ragazze sono ritornat___ a casa molto tardi.
8. Abbiamo finit___ di fare i compiti molto presto.
9. Dove sono stat___ in vacanza Valeria e Lucia?
10. Cosa hai dett___? Puoi ripetere? Non ho capit___.

FACCIAMO GRAMMATICA

TRANSITIVO O INTRANSITIVO?

- Un verbo è **transitivo** quando può avere un oggetto diretto che risponde alle domande: *chi? / che cosa?*
- Un verbo è **intransitivo** quando non può avere un oggetto diretto, ma ha un oggetto indiretto che non risponde alle domande: *chi? / che cosa?*

Ad esempio:
1 Mangiare è transitivo o intransitivo?
   Io mangio → *che cosa?* → Un panino!
   È possibile rispondere con un oggetto diretto a questa domanda (*un panino*): il verbo è **transitivo**.
2 Incontrare è transitivo o intransitivo?
   Io incontro → *chi?* → Un amico!
   È possibile rispondere con un oggetto diretto a questa domanda (*un amico*): il verbo è **transitivo**.
3 Uscire è transitivo o intransitivo?
   Io esco → *chi? / che cosa?* → ?
   Non è possibile rispondere con un oggetto diretto a questa domanda: il verbo è **intransitivo**.

12. Ora prova tu! Prova a capire se questi verbi sono transitivi o intransitivi usando le domande *chi? che cosa?* come prima. Poi trascrivi i verbi nella colonna giusta.

- cantare • comprare • arrivare • aspettare • andare • preparare • guardare • entrare • partire • capire
- cadere • telefonare • chiamare

TRANSITIVI	INTRANSITIVI

ESSERE O AVERE: QUESTO È IL PROBLEMA!

La cosa più difficile è **scegliere l'ausiliare** giusto.
Il problema è: quali verbi prendono l'ausiliare *essere* e quali *avere*?
Se dividiamo i verbi in tre grandi gruppi possiamo dire che:

▸ tutti i **verbi riflessivi** prendono l'ausiliare ***essere***.
▸ tutti i **verbi transitivi** prendono l'ausiliare ***avere***.
▸ i **verbi intransitivi** possono prendere l'ausiliare ***essere*** o ***avere***.

Tra i verbi intransitivi ricordiamo **alcuni verbi di movimento** più comuni che prendono l'ausiliare ***essere***: *andare, venire, tornare, entrare, uscire, partire, arrivare* ecc.

ALCUNI PARTICIPI PASSATI IRREGOLARI

fare	→	**fatto**	prendere	→	**preso**
scrivere	→	**scritto**	perdere	→	**perso**
leggere	→	**letto**	rispondere	→	**risposto**
bere	→	**bevuto**	dire	→	**detto**
vedere	→	**visto**	venire	→	**venuto**
succedere	→	**successo**	mettere	→	**messo**

13. Inserisci la forma corretta del verbo *essere* o *avere*.

1. Matteo e Carlo _____ andati al cinema.
2. Stamattina (*io*) _____ preparato la colazione per tutti.
3. Ieri sera io e Giovanna _____ chiacchierato fino a tardi.
4. Dove _____ cenato tu e Marco ieri sera?
5. Perché _____ tornati così tardi, ragazzi? Cosa _____ fatto fino a quest'ora?
6. John, quante città italiane _____ visitato?
7. Claudia e Simone si _____ conosciuti a Londra.
8. I nostri figli _____ frequentato la stessa università.
9. Oggi, durante la lezione, (*noi*) _____ imparato molte cose interessanti.
10. L'estate scorsa io e mio marito _____ andati nella nostra casa al mare e ci _____ rimasti per 4 settimane.

14. **Trasforma le frasi al passato.**

1. Di solito vado a letto presto.
   - *ieri / a mezzanotte* Ieri, invece, sono andato a letto a mezzanotte.
2. Al mattino non faccio colazione.
   - *stamattina / colazione a casa* _____
3. A colazione prendo solo un caffè.
   - *oggi / cappuccino e cornetto* _____
4. Di solito non bevo alcolici.
   - *ieri sera / birra* _____
5. Vengo sempre a scuola in autobus.
   - *stamattina / a piedi* _____
6. Quando viaggio non scrivo mai cartoline.
   - *questa volta / una cartolina / ai miei amici* _____
7. Il sabato sera usciamo sempre.
   - *sabato scorso / no* _____
8. Angela arriva sempre in orario.
   - *oggi / in ritardo* _____
9. Di solito finiamo di lavorare all'una.
   - *ieri / alle due* _____
10. Ogni sera Giuliano telefona alla fidanzata.
    - *oggi / non ancora* _____
11. Di solito vado al lavoro in macchina.
    - *ieri / autobus* _____

15. **PERCHÉ NON SEI VENUTA IN BIRRERIA?**

Completa il dialogo con le battute di Simone.

Matematica...? Ma è pazzo!

Senti, ma io ti ho mandato un messaggio e non mi hai neanche risposto.

Sì, sì... tutte scuse, chissà chi è questo ex compagno di classe...?

Sì, ma dopo non sei tornata a casa?

Ma dove sei stata ieri sera? Perché non sei venuta in birreria?

E ci credo! Io con la matematica non ho mai avuto un bel rapporto.

Simone: _____
Francesca: Senti, mi dispiace di non essere venuta, ma ora ti spiego. Sono uscita dall'università molto più tardi del previsto. Il professore di letteratura è arrivato con un'ora di ritardo. Ho seguito la sua lezione fino alla fine e poi ho parlato con lui della tesi. Gli ho detto che ho avuto qualche difficoltà nelle ricerche e mi ha dato dei buoni consigli.
Simone: _____
Francesca: Eh, no! Per strada ho incontrato un mio compagno di liceo che ora studia matematica.
Simone: _____
Francesca: No, non è pazzo, ma un po' disperato sì! Dice che gli esami sono difficilissimi!
Simone: _____
Francesca: No, no, a lui piace, però è dura!
Simone: _____
Francesca: Ma come? Io non ho ricevuto niente!
Simone: _____
Francesca: Ma dai, smettila!

16. E TU CHE COSA HAI FATTO IERI?

**Lavora in coppia con un compagno. Raccontate quello che avete fatto ieri.
Confrontate poi i diversi racconti con tutta la classe e trovate...**

QUALCOSA CHE HANNO FATTO TUTTI

QUALCOSA CHE HA FATTO SOLO UNA PERSONA

QUALCOSA CHE HANNO FATTO QUASI TUTTI

QUALCOSA CHE NON HA FATTO NESSUNO

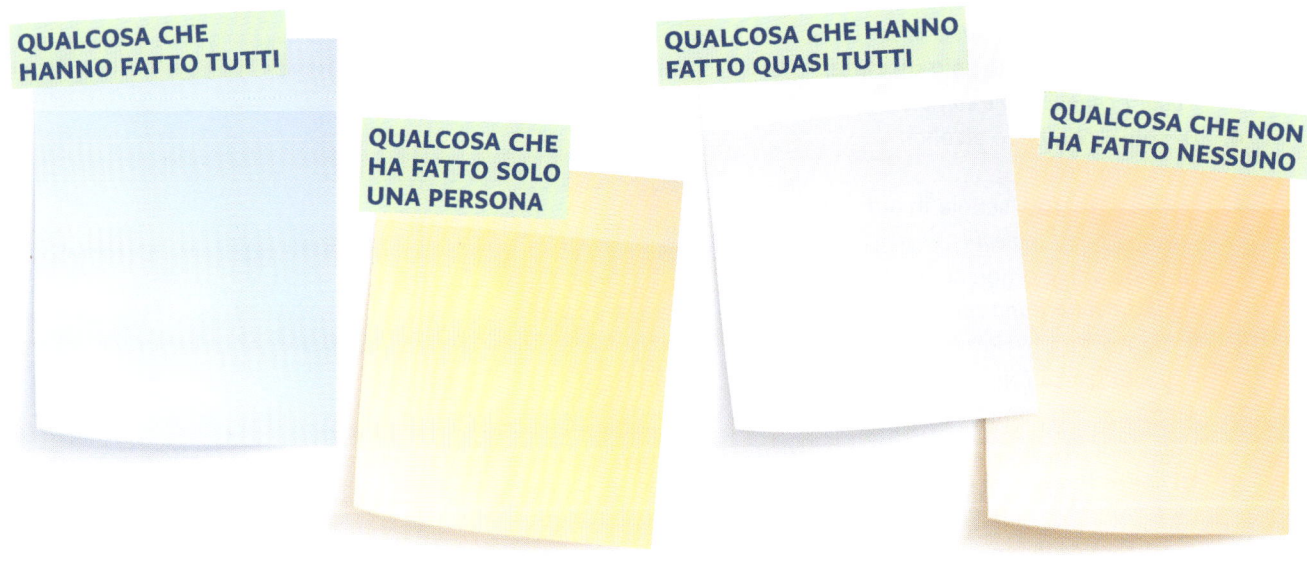

BOLOGNA la dotta

Un incontro speciale, anzi una vera ReUniOn (come da titolo), visto che si tratta del primo raduno mondiale di tutti gli studenti ed ex-studenti di un'università. E dove se non a Bologna? Ecco quindi 150 ospiti celebri, da Umberto Eco a Massimo Cacciari, da Milena Gabanelli a Vittorio Sgarbi, per una tre giorni (19-21 giugno) dedicata al sapere e ai ricordi dei bei tempi in facoltà.
Info: Reunion.unibo.it.

da D-La Repubblica del 13 giugno 2015

ReUniOn: sessanta incontri con duecento ospiti

Incontri nelle piazze del centro storico e lo spettacolo ieri sera in piazza Maggiore. ReUniOn, il primo raduno mondiale dei laureati dell'Università di Bologna, si conclude oggi. Ieri è stata una giornata ricca di eventi, dopo l'inaugurazione con Eco e Cacciari in Santa Lucia, oggi si replica con incontri e dibattiti.

bologna.repubblica.it

17. Leggi l'articolo e scegli la soluzione corretta.

ReUniOn è:
a. ○ una grande festa rock che si svolge a giugno a Bologna, con un grande spettacolo in piazza Maggiore.
b. ○ un raduno mondiale di ex studenti dell'università di Bologna con molti ospiti celebri, incontri e dibattiti.

18. GITA A BOLOGNA

Completa il testo con i verbi al passato prossimo.

Giulio e Paola (*arrivare*) _____ da Milano alla Stazione di Bologna. (*Cercare*) _____ un bed and breakfast e (*dormire*) _____ in città per una notte. Bologna è sempre splendida, piazza Maggiore, le torri, i portici, le osterie, le atmosfere cantate da Dalla e Guccini. Il pomeriggio (*uscire*) _____ per fare una lunga passeggiata e la sera (*cenare*) _____ in una tipica osteria bolognese.
Bologna è la città dove (*studiare*) _____ storia dell'arte e dove (*incontrarsi*) _____ per la prima volta. (*Essere*) _____ bellissimo rivederla dopo un po' di anni e sentirla ancora così familiare. La mattina dopo (*affittare*) _____ una macchina e (*partire*) _____ in direzione di Ravenna per rivedere i famosi mosaici bizantini. Giulio (*guidare*) _____ per tutto il tempo e Paola (*potere*) _____ guardare con calma il paesaggio.

19. MA OGGI NON È DOMENICA...

Completa il dialogo con i verbi al passato prossimo.

Giorgio: Ehi, sei arrivata un po' tardi stamattina! Cosa ti è successo?
Stefania: Beh, la mia giornata non (*cominciare*) _____ molto bene:
(*svegliarsi*) _____ tardissimo, (*guardare*) _____ l'ora e: le otto! (*Saltare*) _____ giù dal letto, (*fare*) _____ una doccia velocissima, (*vestirsi*) _____ in fretta, non (*truccarsi*) _____
– come vedi – non (*fare*) _____ colazione e (*uscire*) _____ di corsa da casa.
Giorgio: Ma (*venire*) _____ in metro?
Stefania: Ma che dici! (*Prendere*) _____ il motorino e (*guidare*) _____ come una pazza fin qui. Mi sono veramente stressata.
Giorgio: Ma ieri sera (*fare*) _____ molto tardi?
Stefania: Eh sì, il problema (*essere*) _____ proprio quello!
Ieri (*venire*) _____ a trovarmi un amico che vive a Firenze. Pensa, non (*noi-vedersi*) _____ per due anni. (*Lui-cenare*) _____ da me e poi (*noi-chiacchierare*) _____ a lungo e (*noi-bere*) _____ qualche bicchiere di vino di troppo, come puoi immaginare.
Giorgio: Eh sì, capisco.
Stefania: E insomma tra una chiacchiera e l'altra Matteo (*andare*) _____ via all'una. (*Essere*) _____ una bellissima serata, ma oggi...
Giorgio: Ma oggi purtroppo non è domenica...
Stefania: Eh già...

PER COMUNICARE IN ITALIANO

QUANTO TEMPO FA...?

QUANTO TEMPO FA HAI VISTO LUIGI?
L'HO VISTO UN MESE FA.
L'HO VISTO IL MESE SCORSO.

FA indica **un punto preciso nel passato.** È invariabile e segue sempre il nome.

Un'ora/2,3...ore
2/3...giorni
Una settimana/2,3...settimane   → **fa**
Un mese/2,3...mesi
Un anno/2,3...anni
Un secolo/2,3...secoli

L'aggettivo *scorso* si usa come sinonimo di "**passato**": *l'anno scorso* oppure *lo scorso anno*.

La settimana **scorsa**
Il mese **scorso**
L'anno **scorso**   → **scorso-a-i-e**
L'estate **scorsa**
Sabato **scorso**

20. INDOVINA CHI HA FATTO QUESTE COSE!

L'insegnante ti dà un foglietto. Sul foglietto...

SCRIVI UNA COSA CHE HAI FATTO...
- 3 ore fa
- ieri
- due giorni fa
- una settimana fa
- sabato scorso
- 6 mesi fa
- l'estate scorsa
- un anno fa, il giorno del tuo compleanno

- Mettete il foglietto piegato in una scatola che l'insegnante ha portato in classe.
- A turno pescate dalla scatola un foglietto e leggete a voce alta la lista delle cose scritte, per esempio: "tre ore fa sono arrivato a scuola, ieri sono andato a una festa..." ecc.
- Gli altri studenti devono indovinare chi è la persona che ha fatto queste cose.
- Quando si indovina, la persona che ha scritto il foglietto dice "Sì, sono io" e il punto va a chi ha indovinato.
- Vince chi ha preso più punti.

Oppure

QUANTE COSE RICORDI?

- Scambiatevi i foglietti, leggete e memorizzate cosa ha fatto l'altra persona.
  Avete cinque minuti per memorizzare le cose che sono scritte nel foglietto.
- Chiudete il foglietto e cercate di ricordare più cose possibili (per esempio: "Lui/Lei tre ore fa è arrivato/a a scuola, ieri è andato/a a una festa, ecc.").
- Vince chi ricorda più cose.

EPISODIO 9 — Si parte per il mare!

Che fanno d'estate i bambini che abitano in città? Aspettano le vacanze dei loro genitori per andare al mare o in montagna e intanto vanno in un centro estivo, dai nonni, dalla zia o dagli amici che abitano fuori città.

Ecco Gaia e Aurora che sono appena arrivate alla stazione di Bologna con il loro baby-sitter, Enzo, e ora aspettano la zia che viene a prenderle in macchina da Riccione.

"Ma dov'è la zia Giulia? Non si vede!" chiede Gaia.

Enzo la chiama al cellulare ma lei non risponde.

Ad un tratto Aurora la vede da lontano.

"Eccola, zia Giulia, sta arrivando con Renato!"

"Scusate, scusate, carissime! Come state? - dice la zia - Scusami Enzo, ho il cellulare scarico".

"Non fa niente, stai tranquilla, siamo arrivati da poco!"

Con lei c'è il suo nuovo compagno, Renato. Gaia e Aurora lo hanno già conosciuto via Skype e sono molto contente di incontrarlo anche perché lui abita a Riccione, ha una casa di fronte al mare e lavora in un posto bellissimo: il parco acquatico OLTREMARE. E non solo, Renato vuole prenotare "la camera di Ulisse", una stanza in un albergo fantastico, arredato con immagini di pesci, sirene e conchiglie.

E allora, si parte tutti in macchina per il mare. Tutti tranne Enzo che ha due amici che abitano a Bologna e li va a trovare per il fine settimana.

1. 📖 **Leggi il testo e scegli la risposta corretta.**

1.	Gaia e Aurora vanno	○ in un centro estivo.	○ dai nonni.	○ dalla zia.
2.	La zia è venuta a prenderle	○ da Bologna.	○ da Riccione.	○ da Ravenna.
3.	Enzo accompagna le bambine	○ alla stazione di Bologna.	○ al mare.	○ a casa della zia.
4.	La zia arriva alla stazione con	○ un vecchio amico.	○ suo figlio.	○ il suo nuovo compagno.
5.	Renato abita	○ a Bologna, in centro.	○ a Riccione, vicino al mare.	○ a Milano.
6.	Renato lavora	○ in una palestra.	○ in un parco acquatico.	○ in un albergo.
7.	Tutti, tranne Enzo, partono	○ per la montagna.	○ per il mare.	○ per la Sardegna.

PER COMUNICARE
IN ITALIANO

CHIEDERE SCUSA

Per chiedere scusa	**Scusami** (tu)
	Mi scusi (Lei)
	Scusatemi (voi)
Per rispondere alle scuse	**Non fa niente** / **Non è un problema**
	Si figuri! (Lei) / **Figurati!** (tu)

> SCUSAMI ENZO, HO IL CELLULARE SCARICO.
>
> NON FA NIENTE, STAI TRANQUILLA, SIAMO ARRIVATI DA POCO!

2. 📖 **Rileggi il testo, cerca e sottolinea:**

▸ tutte le espressioni che indicano un luogo precedute dalle preposizioni *a*, *in*, *al* o *alla*.
▸ un'espressione che indica direzione, preceduta dalla preposizione *per*.
▸ un'espressione che indica provenienza, preceduta dalla preposizione *da*.

3. **DOVE VAI IN QUESTE SITUAZIONI?**

Associa le situazioni della colonna A con i luoghi della colonna B. Poi scrivi delle frasi complete, come nell'esempio.

A
1. (M) Vuoi comprare un libro
2. ○ Devi lavare i vestiti
3. ○ Vuoi mangiare una pizza
4. ○ Devi prendere un treno
5. ○ Devi prendere un aereo
6. ○ Vuoi cenare fuori con gli amici
7. ○ Devi spedire un pacco
8. ○ Vuoi bere una birra in compagnia
9. ○ Vuoi mangiare un gelato
10. ○ Devi comprare delle medicine
11. ○ Devi fare la spesa

B
A. in lavanderia
B. alla posta
C. in gelateria
D. al ristorante
E. alla stazione
F. in farmacia
G. in birreria
H. al supermercato/al mercato
I. all'aeroporto
L. in pizzeria
M. in libreria

ESEMPIO Se voglio comprare un libro, non vado in lavanderia ma in libreria.

FACCIAMO GRAMMATICA

PREPOSIZIONI DI LUOGO: *a, in, da, per*

ABITO / STO / VADO A...　　　　　　　　　　**ABITO / STO / VADO IN...**

A → **CITTÀ**
- Roma
- Parigi
- Tel Aviv

IN → **NAZIONE**
- Italia
- Cina
- Grecia

STO / VADO

A →
- casa
- scuola
- teatro

AL →
- bar
- cinema
- ristorante
- supermercato
- mare
- lago

IN →
- ufficio
- banca
- campagna
- montagna
- città

Il verbo *partire* quando indica la direzione verso una meta vuole la preposizione **PER**.

PARTO PER...
Parto **per** Roma / **per la** Francia

La preposizione **DA** indica la provenienza.

VENGO DA...　　　　　**PARTO DA...**
Vengo **da** Roma　　　　Parto **da** Roma
　　　dalla Francia　　　　　**dalla** Francia

PREPOSIZIONE *da*

Nota questa frase nel testo: vanno... **dai nonni, dalla zia** o **dagli amici**.
　　　　　　　　　　　　　　　　↓　　　　　↓　　　　　　↓
　　　　　　　　　　　　　　a casa　　a casa　　　a casa
　　　　　　　　　　　　　dei nonni　della zia　degli amici

Completa la tabella della preposizione *da* + l'articolo

+	il	la	l'	lo	i	le	gli
da	dal	____	dall'	dallo	____	dalle	dagli

Quando si parla di un luogo dove c'è una persona (*a casa di... / allo studio di... / al negozio di...*) si usa la preposizione **DA** +

- il nome proprio della persona　　　　　Vado **da Francesca**
- il nome comune　　　　　　　　　　　Vado **dal dottore / dalla nonna / dallo zio**
- il pronome　　　　　　　　　　　　　Vado **da lui**

Come puoi notare, le preposizioni possono essere semplici (*di, a, in, per*) o articolate. Sono articolate quando formano una sola parola unite all'articolo (*al, dal, alla, dalla* ecc.).

4. Inserisci nelle frasi le preposizioni *in*, *a*, *da* e *per* semplici o articolate.

1. Il signor Fantoni non è _____ ufficio, è andato _____ bar.
2. Stasera usciamo con amici, prima andiamo _____ cinema e poi _____ una pizzeria.
3. Di solito vado _____ vacanza _____ mare, ma quest'anno non ho soldi, così resto _____ città.
4. Spesso faccio la spesa _____ supermercato ma preferisco comprare la frutta _____ mercato.
5. Devo andare _____ farmacia per comprare delle medicine.
6. Milena abita _____ un palazzo del centro, _____ via Magenta _____ terzo piano.
7. Sabato andiamo _____ Venezia, abbiamo prenotato una stanza _____ albergo.
8. I miei amici vanno _____ Grecia per una settimana, poi tornano _____ Italia e vanno _____ Sicilia per Ferragosto.
9. Alberto ha una grande casa _____ campagna vicino a Bracciano e va spesso a fare il bagno _____ lago.
10. Stasera andiamo a cena _____ ristorante cinese.
11. Il treno parte _____ Torino alle 9.20 e arriva _____ Bologna alle 12.00.
12. I miei amici vengono _____ Bari e ripartono domani _____ Londra.
13. Pierre e Maryse sono partiti in macchina _____ Francia e sono arrivati _____ Genova ieri sera e domani ripartiamo insieme _____ la Sardegna.

5. DOVE VAI?

Rispondi usando la preposizione *da* semplice o articolata.

VADO...

1. *dalla* zia
2. _____ dottore
3. _____ nonna
4. _____ mamma
5. _____ nonno
6. _____ zio
7. _____ vicini di casa
8. _____ insegnante
9. _____ direttore
10. _____ segretaria
11. _____ dentista
12. _____ zii
13. _____ amici
14. _____ compagno di classe
15. _____ Giuliano

6. DOVE VAI SE...?

Abbina le situazioni della colonna A ai mestieri della colonna B.

A
1. (F) Hai mal di denti
2. ( ) Devi riparare un tacco rotto
3. ( ) Vuoi fare un taglio di capelli
4. ( ) Vuoi ristrutturare la casa
5. ( ) Hai la febbre alta e mal di gola
6. ( ) La chiusura lampo si è rotta
7. ( ) L'orologio non funziona
8. ( ) Vuoi fare la pulizia del viso
9. ( ) Vuoi comprare un giornale
10. ( ) Vuoi fare una ricarica telefonica

B
A. sarto/a
B. tabaccaio
C. giornalaio
D. estetista
E. orologiaio
F. dentista
G. medico
H. architetto
I. parrucchiere
L. calzolaio

Dopo aver completato l'esercizio lavora in coppia con un compagno: tu chiedi e l'altro risponde.

DOVE VAI SE HAI MAL DI DENTI?
VADO DAL DENTISTA.

7. AL MARE...

Scrivi il nome delle cose che vedi.

• mare • spiaggia • castello di sabbia • ombrellone • lettino • sdraio • conchiglie

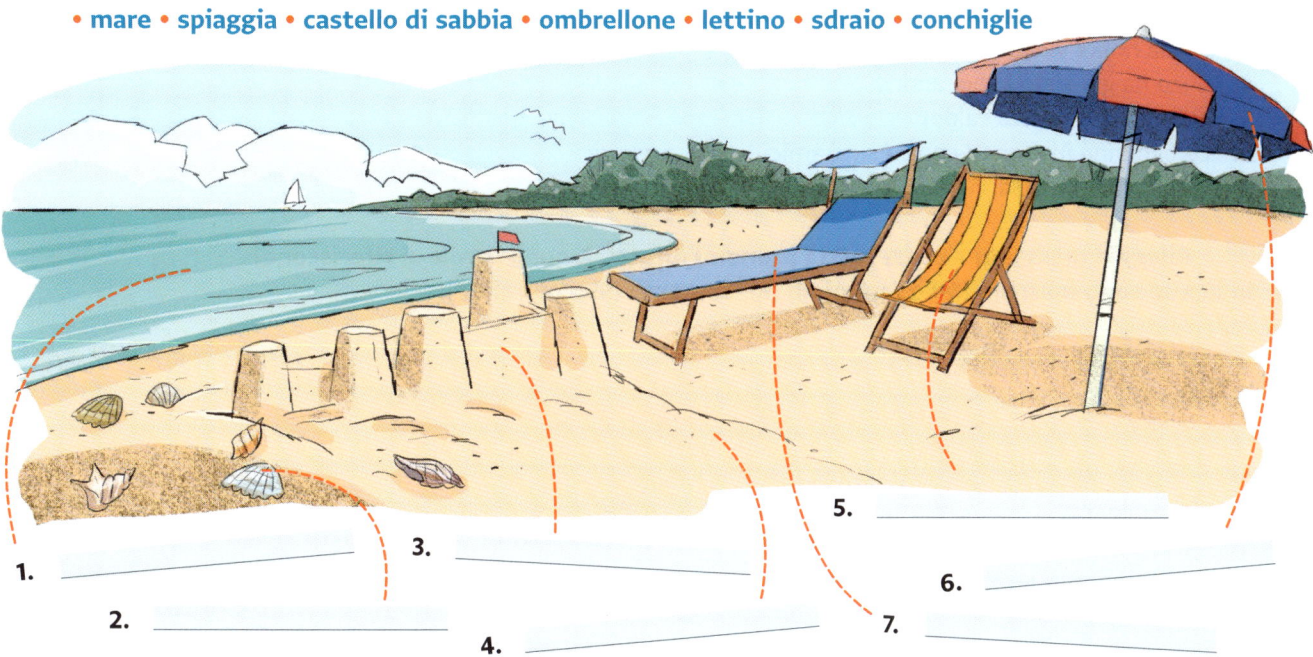

1. _____
2. _____
3. _____
4. _____
5. _____
6. _____
7. _____

8. AVETE GIÀ FATTO IL BAGNO?

Dopo un paio di ore Enzo riceve un messaggio e una foto dalle due bambine al mare.
Leggi lo scambio di battute tra Enzo e le bambine.

> Che bel mare! E avete già fatto il bagno?

>> No, lo facciamo più tardi. Vedi, stiamo facendo un castello di sabbia!

> E le vostre amiche?

>> Non sono ancora arrivate, le vediamo domani.

> La zia è lì vicino?

>> Non la vedo, forse è al bar. E i tuoi amici?

>> Li vedo tra poco. Qui a Bologna fa molto caldo, beate voi che siete al mare...!

>> Vieni anche tu, dai!

> Grazie! Ma non posso, che dico ai miei amici?

>> Li puoi portare. Domani andiamo a Oltremare.

> Che bella idea! Ma è lontano Oltremare?

>> Non lo so, adesso lo chiedo a Renato.

9. Leggi il testo "Avete già fatto il bagno?" e segna le risposte corrette.

1. Le bambine stanno facendo il bagno. — V F
2. Le amiche delle bambine sono già arrivate. — V F
3. La zia non è vicino alle bambine. — V F
4. Enzo ha già visto i suoi amici. — V F
5. A Bologna fa molto caldo. — V F
6. Le bambine invitano Enzo e i suoi amici. — V F
7. Le bambine non sanno se Oltremare è lontano. — V F

10. Rileggi i messaggi e cerca tutti i pronomi diretti. A quali parole si riferiscono? Indica se sono maschili (M) o femminili (F), singolari (S) o plurali (P).

PRONOME	RIFERITO A	M/S	M/P	F/S	F/P
lo	bagno	X			

FACCIAMO
GRAMMATICA

PRONOMI DIRETTI: *lo, la, li, le*

	maschile	femminile
singolare	**LO**	**LA**
plurale	**LI**	**LE**

- Conosci **Marco**? → Sì, **lo** conosco molto bene.
- Vedi **Giulia** stasera? → No, **la** vedo domani.
- Ti piacciono **i dolci**? → No, non **li** mangio quasi mai.
- Dove compri **le scarpe** di solito? → **Le** compro in un negozio al centro.

Attenzione!
Il pronome *lo* può sostituire un'intera frase.

- Dov'è la farmacia? → Non **lo** so. (Non so **dov'è la farmacia**)
- Quando parte il treno per Pisa? → Non **lo** so. (Non so **quando parte il treno per Pisa**)

11. Completa le risposte con il pronome diretto *lo, la, li, le*.

1. ▶ Bevi il latte? ▶ No, non __lo__ bevo.
2. ▶ Mangi il gelato? ▶ Sì, _____ mangio soprattutto d'estate.
3. ▶ Prepari tu la cena? ▶ No, _____ prepara Marco stasera.
4. ▶ Guidi la macchina? ▶ Sì, ma _____ guido solo in città.
5. ▶ Conosci gli amici di Roberto? ▶ No, non _____ conosco.
6. ▶ Bevi volentieri il vino? ▶ _____ bevo ogni tanto, soprattutto in compagnia di amici.
7. ▶ Chi mangia queste ultime polpette? ▶ _____ mangio io, sono molto buone.
8. ▶ Hai già fatto la doccia? ▶ No, _____ faccio tra un po'.
9. ▶ Conosci l'inglese? ▶ _____ parlo bene, ma lo scrivo abbastanza male.
10. ▶ Guardi spesso la TV? ▶ No, _____ guardo veramente poco.
11. ▶ Chi porta i dolci stasera? ▶ _____ portiamo io e Franco.

12. Scegli il pronome giusto.

1. Ho la TV ma (X) **la** ( ) **lo** guardo raramente.
2. In casa accendo sempre la radio ma non ( ) **la** ( ) **lo** ascolto mai con attenzione.
3. Ho il computer e ( ) **la** ( ) **lo** uso molto per lavorare.
4. Marta ha dei vestiti bellissimi però non ( ) **le** ( ) **li** mette mai.
5. Compro il giornale ogni mattina ma ( ) **la** ( ) **lo** leggo sempre la sera.
6. Marcello ha tre cugine ma non ( ) **le** ( ) **li** vede mai perché abitano in Sardegna.
7. Abbiamo molti CD di musica rock ma non ( ) **le** ( ) **li** ascoltiamo molto spesso.
8. Ho comprato anch'io il telefonino ma ( ) **la** ( ) **lo** uso solo quando è necessario.
9. Scrivo sempre numeri di telefono su pezzi di carta e poi ( ) **le** ( ) **li** perdo.
10. Se fai un caffè ( ) **la** ( ) **lo** bevo volentieri.
11. Un tempo amavo le spiagge affollate ma ora ( ) **le** ( ) **li** detesto.

13. 💬 INTERVISTA

Intervista un tuo compagno. Solo tu hai il foglio con le domande. Lui/Lei deve rispondere usando i pronomi *lo, la, li, le*.

▶ Conosci i tuoi vicini di casa?
▶ Conosci il cognome del tuo/della tua insegnante d'italiano?
▶ Leggi l'oroscopo?
▶ Ascolti musica italiana?
▶ Compri le scarpe su internet?
▶ Stiri le tue magliette?
▶ Conosci un cantante italiano?
▶ Ricordi una poesia a memoria?
▶ Compri prodotti biologici?
▶ Sai guidare la vespa?

LA CAMERA DI ULISSE

La costa adriatica è piena di parchi acquatici, alcuni sono più adatti agli adulti, come Aquafan di Riccione, altri sono più adatti ai bambini come Mirabilandia o il parco Oltremare.
Ad Oltremare ci sono stanze molto speciali per i bambini come la camera di Ulisse. Renato telefona per prenotare la famosa stanza.

www.darsenahotel.it

14. AUDIO 18 Ascolta la conversazione e segna le risposte corrette.

1.	Renato vuole una stanza per	○ sabato ○ due persone	○ domenica ○ quattro persone
2.	La stanza	○ è disponibile	○ non è disponibile
3.	C'è una stanza libera solo per	○ il lunedì	○ il venerdì
4.	La stanza costa	○ 100 Euro	○ 200 Euro
5.	Renato	○ prenota la stanza	○ non prenota la stanza

PER COMUNICARE
IN ITALIANO

PRENOTARE UNA STANZA

- Per prenotare → **VORREI PRENOTARE UNA STANZA.**
- Per chiedere il tipo di stanza → **SINGOLA O DOPPIA?**
- Per dire il tipo di stanza → **SINGOLA / DOPPIA / MATRIMONIALE.**
- Per chiedere la data della prenotazione → **PER QUANDO? PER QUALE DATA?**
- Per dire la data → **PER IL 15 LUGLIO.**
- Per chiedere per quanto tempo → **QUANTE NOTTI?**
- Per dire la durata della permanenza → **DUE NOTTI, DAL 15 AL 17 LUGLIO.**
- Per chiedere il prezzo → **QUANTO COSTA (LA STANZA)? QUAL È IL PREZZO?**
- Per dire il prezzo → **150 EURO A NOTTE.**

STUDENTI SPAGNOLI A BOLOGNA

Bologna è caldissima in certi giorni d'estate. Enzo non vede l'ora di incontrare i suoi due amici spagnoli, Luis e Faustino, che ha conosciuto durante l'Erasmus a Madrid e che ora sono venuti a studiare veterinaria all'Università di Bologna per sei mesi: Luis è bilingue e parla italiano perfettamente. Eccoli che arrivano, allegri come sempre, felici di rivederlo dopo un anno e pieni di energia. Lo salutano da lontano, ma Enzo quasi non li riconosce.

15. AUDIO 19 Ascolta cosa dicono quando si incontrano e segna le risposte corrette.

1. I due ragazzi spagnoli ora hanno la barba.   V F
2. Anche Enzo è cambiato molto.   V F
3. L'appartamento dei ragazzi è lontano.   V F
4. In casa loro deve arrivare anche una ragazza.   V F
5. I ragazzi vanno subito insieme al bar.   V F

L'APPARTAMENTO DI LUIS E FAUSTINO

L'appartamento di Luis e Faustino è al secondo piano, nel centro storico di Bologna. C'è un ingresso, una cucina abitabile, una sala da pranzo con un divano letto, un bagno con doccia, una camera da letto con due letti e una cameretta con scatoloni e un po' di tutto. Enzo è molto felice di ritrovare i suoi amici ed è la prima volta che entra in una casa di studenti a Bologna. Luis mostra la casa a Enzo.

1. ingresso
2. _____
3. _____
4. _____
5. _____
6. _____

16. Leggi la descrizione dell'appartamento e scrivi il nome delle cose che vedi.

17. Completa con il numero del piano giusto.

• piano terra • secondo piano • quarto piano • primo piano • terzo piano

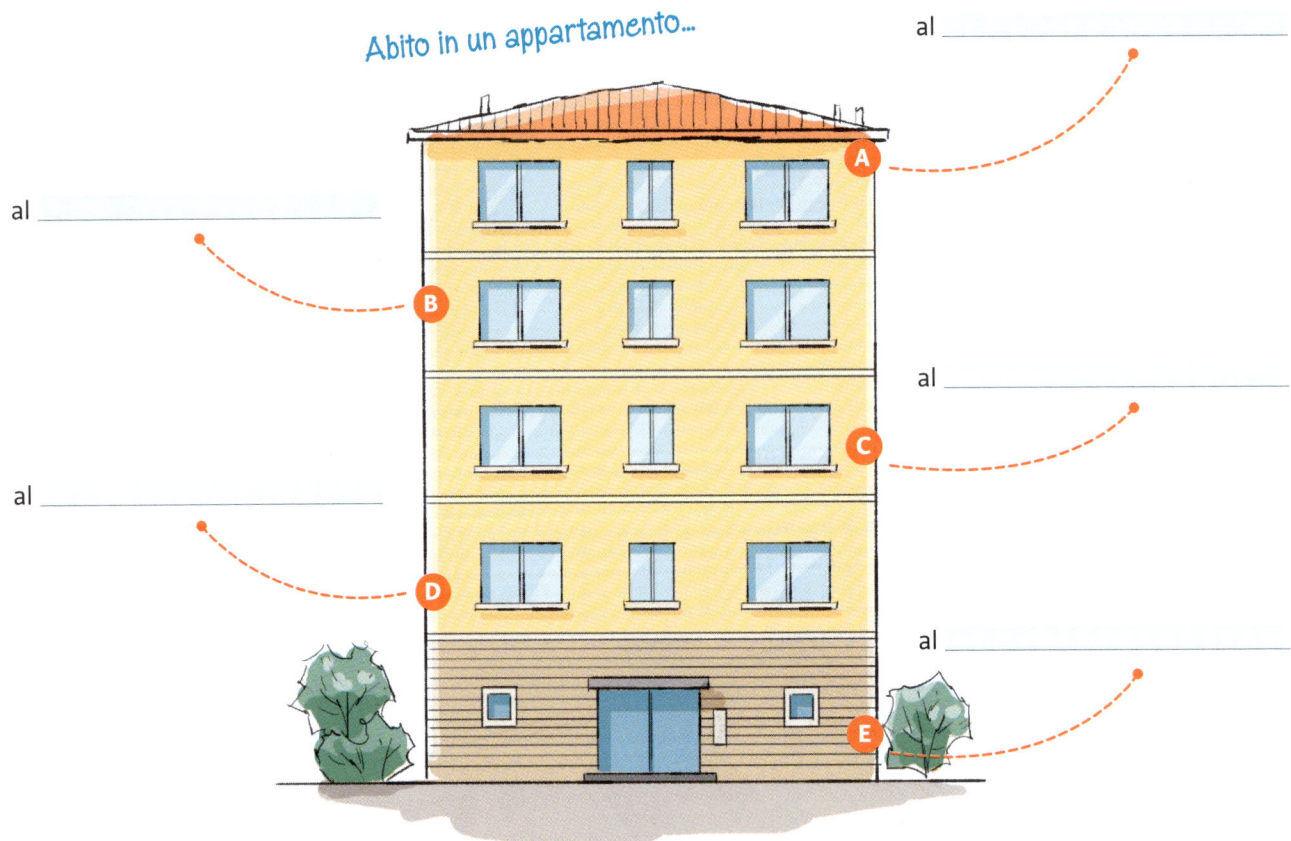

18. Abbina gli elementi della prima colonna con quelli della seconda colonna.

A
1. (F) La stanza dove si prepara da mangiare.
2. ◯ La stanza dove si va a dormire.
3. ◯ La stanza dove si guarda la TV.
4. ◯ La stanza dove si fa la doccia.
5. ◯ La stanza dove si tengono gli oggetti domestici (scopa, aspirapolvere, asse da stiro ecc.).
6. ◯ Lo spazio esterno dove ci sono i vasi di fiori.
7. ◯ Lo spazio stretto e lungo tra le stanze.
8. ◯ Lo spazio che si trova quando si entra in casa.
9. ◯ La stanza dove si mangia.

B
A. soggiorno
B. bagno
C. ingresso
D. balcone
E. sala da pranzo
F. cucina
G. camera da letto
H. ripostiglio
I. corridoio

19. **AUDIO 20** CHE CARINO QUEST'APPARTAMENTO!
Ascolta la conversazione tra i ragazzi e segna le risposte corrette.

1. L'appartamento è molto colorato. — V F
2. Ci sono molti magneti sul frigo. — V F
3. Il divano è in camera da letto. — V F
4. La camera di Faustino e Luis è molto ordinata. — V F
5. Faustino lascia le bottiglie vuote sul letto. — V F
6. Tutti i vestiti di Faustino sono nell'armadio. — V F
7. L'appartamento è di Cecilia. — V F
8. Cecilia vive a Roma. — V F
9. Cecilia va a Bologna ogni venerdì per un corso. — V F
10. Luis riceve un messaggio da Cecilia. — V F

20. AUDIO 21 Ascolta più volte il testo e completa con le parti mancanti.

Enzo: Che carino quest'appartamento, e quanti colori, di chi sono tutti i magneti _____?

Luis: Sono tutti di Faustino, fa collezione di magneti.

Enzo: Che belli!

Luis: Questa è la sala da pranzo, non è molto grande ma è la stanza più fresca, e quello è il tuo divano, va bene?

Enzo: Certo, allora porto qui la valigia o la lascio all'ingresso?

Luis: Come vuoi, se hai bisogno di asciugamani sono _____ di questo mobile e quando esci le chiavi per te sono queste qui, le lasciamo appese _____. E questa è la nostra camera... ehm, un po' un casino, come vedi Faustino non butta mai le bottiglie di birra... le infila _____, non usa l'armadio e butta i vestiti _____.

21. Prova a completare tu lo schema sotto, combinando le preposizioni con gli articoli.

+	il	la	l'	lo	i	le	gli
a	al	____	all'	____	____	____	____
in	____	____	____	nello	____	____	negli
su	____	sulla	____	____	sui	____	____

22. 💬 DOVE SONO A CASA TUA?

Lavorate in coppia facendo un'intervista per sapere dove sono queste cose a casa vostra.

- il tappeto
- le ciabatte
- la TV
- la pattumiera
- la scopa
- i detersivi
- lo stereo
- il telefono
- le medicine
- la radio
- il ferro da stiro
- la lavatrice

DOV'È A CASA TUA IL TAPPETO?
IN SALOTTO.

23. 💬 DOVE HAI MESSO...?

Colloca questi oggetti nel mobile vuoto. Poi lavora con un compagno per vedere se avete messo le cose nello stesso posto.

OGGETTI
- bottiglie di liquore
- tovaglie
- foto
- vaso
- dizionario
- libri
- tazze e bicchieri
- statuetta

ESPRESSIONI
- nel primo cassetto
- in alto
- in basso
- sul ripiano
- a destra
- a sinistra
- sopra
- sotto

DOVE HAI MESSO I LIBRI?
SUL PRIMO RIPIANO, E TU?
SUL SECONDO.

FACCIAMO GRAMMATICA

PRONOMI E AGGETTIVI DIMOSTRATIVI
questo o quello?

Nota questa frase nel fumetto: **questa** *è la sala e* **quello** *è il tuo divano*. La persona che parla è già dentro la sala e indica il divano che è più lontano da lui.

Questo si usa per indicare qualcosa che è vicino a chi parla.

Quello si usa per indicare qualcosa che è lontano da chi parla.

Codesto, tranne in fiorentino, non è più molto usato in italiano. Si usa per indicare qualcosa che è vicino alla persona che ascolta (a cui ci si rivolge).

QUESTA È LA SALA E QUELLO È IL TUO DIVANO.

Tutti e tre i **pronomi** hanno un maschile e femminile, singolare e plurale:

Questo/a/i/e

Quello/a/i/e

Questa è la mia camera

Quella è la tua camera

Questo è anche aggettivo quando si trova davanti a un nome:	**questo** tavolo **questa** sedia	**questi** tavoli **queste** sedie
Se il sostantivo singolare inizia per vocale si usa ***quest'***:	**quest'**anno	**quest'**estate
Quello è anche **aggettivo** quando si trova davanti a un nome. In questo caso però ha più forme e si declina **come un articolo**:	**quel** tavolo **quella** sedia **quello** studente **quell'**albergo **quell'**isola	**quei** tavoli **quelle** sedie **quegli** studenti **quegli** alberghi **quelle** isole

24. Inserisci *quest' / questo / questa / queste / questi* nelle frasi sotto.

1. _Questa_ è una cartolina per Giuseppe.
2. _____ è il mio spazzolino.
3. _____ due studentesse sono principianti.
4. _____ tre esercizi sono difficili.
5. _____ scarpe sono troppo strette.
6. _____ pizza è enorme.
7. _____ problema non è facile da risolvere.
8. _____ chiesa di che epoca è?
9. _____ estate vado in vacanza in Sardegna.
10. _____ acqua minerale è troppo gasata.
11. _____ notte ho dormito pochissimo.

25. Inserisci il pronome o l'aggettivo dimostrativo *quello* nella forma corretta.

1. _Quello_ è il duomo di Milano.
2. _____ ragazza che parla al telefono è una cantante.
3. _____ donna non è per te, mio caro Filippo!
4. _____ giorno è stato terribile per me.
5. _____ imbecilli non hanno capito proprio niente!
6. _____ vigile è molto rigido, fa multe a tutti.
7. _____ stupido di Marco ha lasciato il lavoro.
8. _____ è il giornale di ieri.
9. _____ è una torta al cioccolato.
10. _____ scarpe sono mie.

26. ANNUNCI IMMOBILIARI

Quale appartamento è adatto a queste persone? Leggi i tre annunci e abbina ogni annuncio a una delle persone sotto.

1

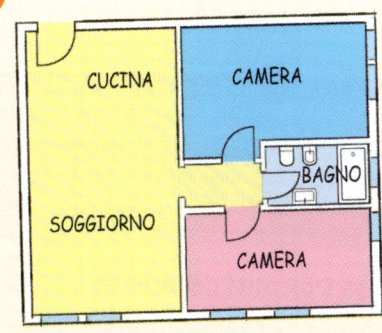

Proposto da:	Privato	Mq:	70
Affitto:	850 €	Quartiere:	Centro storico

Affittasi bell'appartamento libero da fine Agosto senza spese condominiali, completamente arredato, open space con cucina e soggiorno, due camere da letto, bagno con vasca, termo autonomo.
Euro **850,00**
Per informazioni 338/9971710   **NO AGENZIE!**

2

Proposto da:	Agenzia	Mq:	70
Affitto:	740 €	Comune:	Bologna

Nel cuore della città, a 350 metri da via Zamboni, soluzione ideale per gruppo di 2-3 studenti, completamente arredata e composta da ingresso su corridoio, camera doppia e camera singola, cucina abitabile e bagno.
Le spese condominiali ammontano a euro 30 al mese.
Libero dal 1° LUGLIO, 2 mensilità di deposito cauzionale.

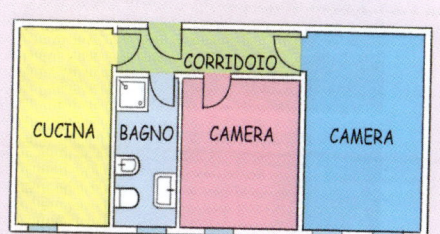

3

Proposto da:	Agenzia	Tipo immobile:	quadrilocale
Affitto:	630 €	Classe energetica:	A
Mq:	80		
Comune:	Bologna		

Vicino all'aeroporto proponiamo ampio appartamento al primo piano, in zona residenziale molto tranquilla, composto da: disimpegno, cucinotto, soggiorno, n. 2 camere da letto doppie, bagno, cantina, garage, giardino e posto auto condominiale, ascensore. Completamente arredato.

Libero da subito. Le spese di condominio comprendono: riscaldamento, acqua calda, manutenzione ascensore, pulizie scale.

da bologna.bakeca.it

27. SCAMBIO CASA

Vuoi fare un viaggio in Italia e scambiare la tua casa nel tuo Paese con una casa in Italia. Scrivi un annuncio in cui descrivi la tua casa secondo il modello degli annunci sotto.

- Tipo di casa: appartamento / casa in campagna / villa ecc.
- In quale nazione / città / zona (centro, periferia ecc.)
- Quante e quali stanze
- Se ha: balconi, terrazzo, giardino, garage
- A che piano si trova
- Quanti bagni ci sono
- In che periodo vuoi fare lo scambio
- Altro…

facebook

SCAMBIO CASA!

Iscriviti | Accedi

Annunci-SCAMBIO CASA- Scambio casa Dolomiti del Brenta

L'appartamento ha 6 posti letto ed è composto da soggiorno con angolo cottura e divano con due posti letto, camera matrimoniale, bagno, piccola mansarda con due letti, ripostiglio, ampia terrazza con vista panoramica e cantina.

Annunci-SCAMBIO CASA- Scambio mare con montagna agosto

Scambio appartamento al mare con uno in montagna per tutto il mese di agosto (Valle d'Aosta, Piemonte e Lombardia). L'alloggio è a cinque minuti dal mare vicino Portofino e Cinque Terre, con due camere da letto, un soggiorno con divano letto, servizi.

E PER FINIRE...

Quindi è lei la ragazza dell'orecchino!

Mentre Luis mostra la casa a Enzo, riceve una telefonata da Cecilia, la padrona di casa che deve arrivare da Milano per il suo corso di Clownerie come ogni fine settimana. Di solito dorme nella cameretta, dove ha lasciato molte cose negli scatoloni e sugli scaffali. Alla fine della telefonata, Luis racconta a Faustino e Enzo cosa è successo a Cecilia.
"Luis, che ha detto Cecilia? Quando arriva?"
"No, non viene più. Enzo, buone notizie per te, non devi dormire sul divano, la cameretta è tua! Cecilia non arriva, dice che ha perso un orecchino in treno, è scesa a Bologna poi è risalita per cercarlo, il treno è ripartito e lei è rimasta dentro, una storia strana, strana come Cecilia!"
"Aspetta aspetta, dice che ha perso un orecchino in treno? Ma è una coincidenza incredibile, che strano!"
"Che cosa, quale coincidenza?"
"Ah, ora vi racconto! Pensa che Gaia, una delle bambine che ho accompagnato dalla zia, ha trovato un orecchino sul treno, per terra vicino alla porta, un orecchino bellissimo e noi lo abbiamo consegnato al controllore: quindi è lei la ragazza dell'orecchino, questa vostra amica, incredibile! Ma ora dove va?"

EPISODIO 9

TRASCRIZIONI

PRIMA DI TUTTO

AUDIO 1

Loredana Chiappini, Nuccia De Filippo
Un nuovo giorno in Italia, livello A1
Bonacci editore © Loescher 2015

AUDIO 2

La prima frase è in dialetto milanese
La seconda in italiano standard
La terza in dialetto calabrese

AUDIO 3

Piero Ferrari, Anna Nardi, Milena Montale, Franco Martelli, Giovanni Longo

AUDIO 4

A. Hotel Torino: Corso Magenta, 33
B. Pensione Vittoria: Via Manzoni, 5
C. Albergo della Pace: Via Brera, 12
D. Albergo del Sole: Piazza San Babila, 3
E. Pensione Aurora: Piazza del Duomo, 22
F. Hotel Centrale: Largo Augusto, 7

AUDIO 5

- Ciao, io mi chiamo Laura, e tu?
- Io sono Massimo, piacere.
- Piacere.
- Di dove sei, Laura?
- Sono di Bologna.
- Ah, sei bolognese!
- Sì, e tu?
- Io sono di Napoli.
- Ah, sei napoletano!
- E tu invece?
- Io mi chiamo Davide, sono milanese. E lei è Livia, una mia amica.
- Ciao Livia, anche tu di Milano?
- No, no, io sono romana.

EPISODIO 1

AUDIO 6

Il treno Frecciarossa 9596 delle ore 8.20 da Milano Centrale per Salerno è in partenza dal binario 3.
Il treno effettua le seguenti fermate: Bologna, Firenze, Roma, Napoli, Salerno.
Vagoni di prima classe in testa e carrozza ristorante.

AUDIO 7

1
- Scusi, dov'è la biglietteria?
- Lì, a sinistra.
- Grazie mille, arrivederci!
- Prego, arrivederci!

2
- Scusi, dov'è il binario 3?
- Lì, in fondo, a destra.
- Grazie, buongiorno!
- Prego, buongiorno!

3
- Scusi, a che ora parte il treno Frecciarossa per Bologna?
- Il prossimo treno parte alle 10.27.
- Grazie, arrivederci!
- Prego, arrivederci!

4
- Scusi, questo treno ferma a Firenze?
- Sì, alla stazione di Santa Maria Novella.
- Grazie, arrivederci!
- Prego, arrivederci!

5
- Scusi, dov'è la carrozza ristorante?
- Da questa parte, è la carrozza n° 5.
- Grazie, arrivederci!
- Prego, arrivederci!

EPISODIO 2

AUDIO 8

- Buongiorno signora Caterina!
- Buongiorno Piero, come va?
- Bene, bene e lei?
- Non c'è male... Ma senti che caldo!
- Sì, è umido... Accidenti, com'è tardi!
- Piero aspetta, vuoi un caffè? È pronto... Milena, porta il caffè a Piero!
- No grazie, non ho tempo oggi... sono in ritardo.
- Ma è già pronto!
- E va bene... sì, grazie. Ciao Milena.
- Ciao Piero, hai fretta?
- Sì, ma... hmm, ottimo il caffè, come sempre! Grazie, scappo, buona giornata.
- ▶ Anche a te Piero, buon viaggio!

AUDIO 9

- Franco!
- Giuliano! Ma come stai?
- Benissimo, ma guarda che strano incontrarsi qui a Milano!
- Ti presento il mio amico Ermanno.
- Ah, piacere!
- Piacere, Giuliano! E allora, Franco, cosa fai qui?
- Sono qui per una mostra, fino a domenica.
- Davvero, e allora buon fine settimana, io parto ora, invece, torno a Lecce.
- Ah, buon viaggio allora, ci vediamo a Lecce.
- E tu Ermanno, sei di Milano?
- No, io abito a Milano ma sono di Verona.
- Ah, che bella Verona, l'arena, il balcone di Giulietta! Ma ora scappo, il treno è in partenza!
- Ci vediamo presto!
- Ciao!

EPISODIO 3

AUDIO 10

- Ragazzi, scusate, stiamo facendo un'indagine sui trasporti usati dai giovani a Milano. Avete un po' di tempo per qualche domanda?
- ▶ ▶ ▶ ▶ ▶ Sì, certo!
- Allora, voi come andate a scuola?
- Io vado a piedi, la scuola è vicina, dieci minuti.
- Io vado in metro, cinque fermate e poi cambio linea, altre due fermate e sono arrivato.
- Io vado in bici, se non piove, se no prendo l'autobus.
- Noi andiamo in macchina, ci porta a scuola papà prima di andare al lavoro.
- Io vado in vespa. Anche se c'è traffico, arrivo in massimo venti minuti.
- Io prendo il tram, è un po' lento, ma ho la fermata sotto casa.

AUDIO 11

- Scusi, dove si comprano i biglietti per la metro?
- Guardi, può provare al bar lì all'angolo, oppure dal tabaccaio. Comunque se va alla metro, sotto c'è la macchinetta automatica.
- Ah, grazie, allora lo compro lì.

EPISODIO 4

AUDIO 12

- Scusi, le da fastidio il mio violoncello?
- No, no, io amo questo strumento!
- Ah, è un musicista anche lei?
- No, ma lavoro nel settore musicale.
- Ah, e di cosa si occupa?
- Faccio il giornalista, lavoro alla radio e curo un programma di musica classica.
- Davvero, che bello! Allora lei conosce sicuramente il "Ravello Festival", io vado lì.
- Come no! Ma guardi che coincidenza! Anch'io vado a Ravello, per una diretta radio con il Festival.
- Scusate se mi intrometto, ma è davvero una coincidenza, posso darvi il mio biglietto da visita? Sono di Ravello e ho un Bed&Breakfast a Ravello, con una bella vista sul mare!
- Come no, grazie!
- Grazie signora, è molto gentile, per questa volta ho già un albergo, l'anno prossimo forse, chissà... io adoro Ravello!
- Eh, già, è un paese bellissimo! A proposito, piacere, io sono Anna Nardi e lui è mio marito.
- Giovanni Longo, piacere!
- Franco Martelli.
- Riccardo Selvaggi, piacere mio. E anche lei lavora per il "Ravello Festival"?
- Beh, non proprio.
- Scusi, ma che lavoro fa?
- Sono impiegato all'ufficio postale di Ravello, ma ho anche un pezzo di terra con tanti alberi di limoni.
- Ah, che meraviglia, allora lei fa anche il limoncello?
- Certo, è la specialità della nostra zona! Vi aspettiamo per un assaggio!

EPISODIO 5

AUDIO 13

- Milena! Mileenaaa! Milena, ma quando vai a fare la spesa?
- Mamma, aspetta, ora vado, ma che vuoi, uffa!
- Come che voglio?! Devo preparare da mangiare, è tardi, sbrigati!
- Va bene, vado vado, ma cosa devo comprare?
- Allora, devi comprare: il pane, il latte, l'olio, lo zucchero, le patate e i pomodori. Per la frutta scegli tu: il melone o l'anguria. Poi la pasta corta:

le penne o i fusilli o anche gli spaghetti. Ah, è finito anche il sale grosso. E devi comprare pure una mozzarella, lo speck o la bresaola, come preferisci. Ah, aspetta, anche il detersivo per i piatti. Prendi i soldi, ecco 70 euro!
- Mamma, ma sei matta? Come posso portare tutte queste cose?
- Puoi prendere il carrello.
- No, il carrello è da vecchi…
- Ma perché non vuoi prendere il carrello che è così comodo e non porti pesi!
- Mamma, non insistere! Non voglio uscire con il carrello!
- Eh va beh! E allora puoi anche non comprare la frutta, basta che ti sbrighi, che devo cucinare!

EPISODIO 6

AUDIO 14

- Ma lei fa il baby-sitter di professione?
- No, io studio Astrofisica, sono al 3° anno, solo d'estate faccio questo lavoro e solo con loro, che sono le figlie della mia vicina di casa.
- Allora lei ha l'età di mio figlio, 23 anni!
- Sì, e suo figlio che fa?
- Le faccio vedere la foto, eccolo, si chiama Valerio e domani si laurea. Io vado a Bologna per la sua laurea.
- Ah, allora in bocca al lupo!
- Crepi il lupo!
- E in che cosa si laurea suo figlio?
- In "Scienze della Comunicazione", indirizzo Cinema.
- Beato lui, anche a me piace molto il cinema.
- Però studia Astrofisica…
- Non si può fare tutto! Ora devo finire con questa facoltà, mi manca un esame e la tesi, poi vedremo.
- Ma allora non le manca molto, e Astrofisica è difficile ma lei è davvero bravo, riesce anche a lavorare, complimenti, davvero!

AUDIO 15

- Bambine, sapete che siete proprio fortunate ad avere un baby-sitter così bravo e simpatico?
- Sì, e le mie amiche dicono che è anche bellissimo!
- Ah sì? È vero, ma dimmi, come si chiama la tua bambola?
- Violetta.
- Anche a me mi piace Violetta, e mi piace anche Peppa Pig!
- Ah, vediamo un po' e cos'altro ti piace?
- Mi piace il pop corn.
- A me invece piacciono le patatine con il ketchup e anche il gelato, ma solo se non c'è il latte perché sono allergica.
- A me piace molto il gelato al cioccolato.
- A me mi piace di più il ghiacciolo che il gelato.
- Va bene, va bene, abbiamo capito, ma adesso basta, stiamo per arrivare a Bologna. Tra poco dobbiamo scendere, salutate la signora e chiedete scusa per tutto il chiasso che avete fatto!
- No, ma che dice, a me piacciono molto i bambini, e loro sono così carine! E cosa fate di bello a Riccione?
- A me piace andare alle giostre e al mare e in bicicletta.
- E come vede, signora, a tutte e due piace molto parlare… non stanno zitte un minuto!

EPISODIO 7

AUDIO 16

- Pronto, buongiorno. Vorrei parlare con Alice Ferrari, per favore.
- Sono suo fratello, Piero Ferrari.
- Grazie… Pronto, Alice?
- Senti, ho un problema.
- Perché, che stai facendo?
- Va bene, aspetto la tua chiamata, ciao!

EPISODIO 8

AUDIO 17

- Pronto, Piero?
- Oh, ciao Milena, come va?
- Eh, come va… sono stanca morta!
- Perché? Che hai fatto?
- Sono andata al supermercato a fare la spesa, sono appena tornata, mia madre mi ha preparato una lista infinita di cose da comprare… E tu, invece?
- Siamo appena arrivati a Bologna, ho già finito il primo giro di controllo biglietti. Stamattina sono arrivato un po' tardi. Ma tu perché mi hai chiamato?
- Ma come, Piero, non ti ricordi che dobbiamo metterci d'accordo per l'appuntamento a Salerno?
- Ah, sì! Però adesso no, non è il momento…!

- Perché, che succede?
- Senti, ho trovato un orecchino, è di una ragazza… una con i capelli viola… l'orecchino le è caduto qui in treno… la devo cercare…
- Ma chi è questa ragazza?
- Non lo so, la vedo ogni venerdì… scende sempre a Bologna… Ah, eccola… eccola… è tornata indietro! È venuta sicuramente a cercare l'orecchino… Ti devo lasciare. Ciao… ciao…
- Piero, ma quando ci risentiamo?…. Piero, Piero!… Ha riattaccato… Ma questo è matto!

EPISODIO 9

AUDIO 18

- Pronto, vorrei prenotare la "camera di Ulisse" per una notte.
- In che periodo?
- Per questa settimana, sabato notte.
- Per quante persone?
- Due adulti e due bambine.
- Mi dispiace è già tutto pieno, c'è solo una stanza libera per lunedì prossimo.
- Ah, e quanto viene la camera?
- Ora siamo in alta stagione, dunque sono 200 euro a notte. La prenoto?
- Ma sì, va bene, grazie.
- A che nome?
- Renato Morandi.
- Perfetto, allora vi aspettiamo lunedì, arrivederci!
- Arrivederci.

AUDIO 19

- ▶ Olà Enzo, chi si rivede! Come va?
- Ciao ragazzi, bene, che bello rincontrarci in Italia! Ma anche voi con la barba, noo! Va di moda anche in Spagna allora?
- Certo, ma tu invece, sempre uguale e cosa ci racconti, dai andiamo al bar a bere qualcosa?
- Ma scusate, il vostro appartamento è lontano da qui?
- No, è qui dietro. Ah, senti, oggi c'è anche una ragazza, Cecilia, che arriva come te da Milano. A proposito, chissà, forse è già arrivata.
- Allora andiamo a casa?
- Ho capito, sei stanco… dai andiamo prima a casa a poggiare la valigia, magari ti fai una doccia poi andiamo al bar, va bene?
- Benissimo!

AUDIO 20

- Che carino quest'appartamento, e quanti colori, di chi sono tutti i magneti sul frigo?
- Sono tutti di Faustino, fa collezione di magneti.
- Che belli!
- Questa è la sala da pranzo, non è molto grande ma è la stanza più fresca, e quello è il tuo divano, va bene?
- Certo, allora porto qui la valigia o la lascio all'ingresso?
- Come vuoi, se hai bisogno di asciugamani sono nel primo cassetto di questo mobile e quando esci le chiavi per te sono queste qui, le lasciamo appese vicino alla porta. E questa è la nostra camera… ehm, un po' un casino, come vedi Faustino non butta mai le bottiglie di birra… le infila sotto il letto, non usa l'armadio e butta i vestiti sulle sedie.
- E quella camera di chi è?
- È di Cecilia, quest'appartamento è suo. Ora lei vive a Milano, però viene qui ogni settimana, il venerdì.
- Ah sì? E come mai?
- Perché fa un corso di clownerie.
- Cioè?
- Un corso per fare il clown, l'animatrice per i bambini. Ah, ecco, ho ricevuto un suo messaggio, dice che oggi non può arrivare e che mi richiama tra un po'.

AUDIO 21

- Che carino quest'appartamento, e quanti colori, di chi sono tutti i magneti sul frigo?
- Sono tutti di Faustino, fa collezione di magneti.
- Che belli!
- Questa è la sala da pranzo, non è molto grande ma è la stanza più fresca, e quello è il tuo divano, va bene?
- Certo, allora porto qui la valigia o la lascio all'ingresso?
- Come vuoi, se hai bisogno di asciugamani sono nel primo cassetto di questo mobile e quando esci le chiavi per te sono queste qui, le lasciamo appese vicino alla porta. E questa è la nostra camera… ehm, un po' un casino, come vedi Faustino non butta mai le bottiglie di birra… le infila sotto il letto, non usa l'armadio e butta i vestiti sulle sedie.

SECONDO TE QUANTI ANNI HANNO?
▸ p. 35

Piero ha 29 anni   La signora Caterina ha 60 anni   Milena ha 25 anni

Referenze iconografiche:

(ove non diversamente indicato, le referenze sono indicate dall'alto verso il basso, da sinistra a destra, in senso orario. *a*= alto; *b*=basso; *c*=centro; *dx*= destra; *s*=sinistra)

p.14: © Liliya Kulianionak/Shutterstock.com, © 2010 Photos.com, www.csie.ntu.edu.tw, © Ruslan Semichev/Shutterstock.com; p.15: © Alexlukin/Shutterstock.com, 2013, © E.Karandaev/Shutterstock.com; p.16: © Photosani/Shutterstock.com; p.27: (1) © Oleksandr Schevchuk/Shutterstock.com, (2) © wherelifeishidden/Shutterstock.com, (3) © RossHelen/Shutterstock.com, (4) © Monkey Business Images/Shutterstock.com; (5) © michaeljung/Shutterstock.com, (6) © Sergey Furtaev/Shutterstock.com, (7) © Istockphoto.com, (8) © Volt Collection/Shutterstock.com, (9) © Goodluz/Shutterstock.com; p.33: (A) © Adisa/Shutterstock.com, 2013, © Jupiter Images, © ICPonline, © 2011 Photos.com, (B) © Supertrooper/Shutterstock.com, © MiloVad/Shutterstock.com, 2013, © Eric Isselee/Shutterstock.com, © S.Crocker/Shutterstock.com, 2013, © M. Stasy/Shutterstock.com, © ICPonline, © M.Stasy/Shutterstock.com; p.34: © Gemenacom/Shutterstock.com, P.Mayall, 2008, © Nina Anna/Shutterstock.com, © Monkey Business Images/Shutterstock.com, © PathDoc/Shutterstock.com; p.39: Courtesy Vespa SpA, Pontedera, Italia, © DVARG/Shutterstock.com; p.40: © Ovidiu Hrubaru/Shutterstock.com, © Olena Zaskochenko/Shutterstock.com, © Paffy69/iStock/ThinkstockPhotos, © stockyimages/Shutterstock.com, © Ljupco Smokovski/Shutterstock.com; p.41: www.britannica.com/CORBIS, alzheimer.it, Milano, Santa Maria delle Grazie, z.about.com; p.42: (B) "In Sella", giugno 2003, (C) Luigi Chiesa, 2008/wikimedia.org, (D) © 2011 Photos.com, (E) © MiloVad/Shutterstock.com, (F) © Adriano Castelli/Shutterstock.com, (G) http://livesicilia.it, (H) www.kyrieeleison.eu, (I) © R.Olechowski/Shutterstock.com; p.44: © Monkey Business Images/Shutterstock.com, © wavebreakmedia/Shutterstock.com, © Dotshock/Shutterstock.com, © Goodluz/Shutterstock.com, 2014; p.45: © Catarina Belova/Shutterstock.com; p.49: © rangizzz/Shutterstock.com; p.50: © Pedjami/Shutterstock.com; p.51: © Jupiter Images, 2010, © S. Borisov/2013 Shutterstock.com, © Einherjar/Shutterstock.com; p.53: © Photobank gallery/Shutterstock.com; p.63: http://www.mistralpubblicita.it; p.65: © Pavel L Photo and Video/Shutterstock.com, © auremar/Shutterstock.com, © 2011 Photos.com, © auremar/Shutterstock.com, © Franck Boston/Shutterstock.com, © Kzenon/Shutterstock.com, A.Popoy/Shutterstock.com, © Icponline.com, © 2011 Photos.com, © D.Korzeniewski/Shutterstock.com, © iStockphoto.com, © ICPonline; ; p.73: © Kzenon/Shutterstock.com, © Andrey Lobachev/Shutterstock.com, © betto rodrigues/Shutterstock.com, © Shaun.P/Shutterstock.com; pp.80-81: © romawka/Shutterstock.com; p.84: © bikeriderlondon/Shutterstock.com; p.86: © rzstudio/Shutterstock.com, © focal point/Shutterstock.com; p.88: (A) © Vitaliy Hrabar/Shutterstock.com; (B) © Marcelo Rodriguez/Shutterstock.com, (C) © aimie Duplass/Shutterstock.com, (D) © ICPonline, (E) © Sergey Novikov/Shutterstock.com; p.90: © Ruslan Semichev/Shutterstock.com, © Joe Gough/Shutterstock.com: p.92: © sianc/Shutterstock.com, © KateStone/Shutterstock.com; p.93: © Monkey Business Images/Shutterstock.com; p.100: © Vtls/Shutterstock.com; p.1001: © Niki Crucillo/Shutterstock.com; p.114: Joachin Baan, 2006, p.116: http://www.travelemiliaromagna.it; p.122: © IStockphoto.com, © Serggod/Shutterstock.com, © Settawat Udom/Shutterstock.com, © 2010 Photos.com, © Unicus/Shutterstock.com; p.123: © harlanov Evgeny/Shutterstock.com; p.124: Salvatore Ferragamo/www.fab-vintage.com, A.Destasi, 2009/www.trainzitaliafoto.com; p.125: © nem4a/Shutterstock.com, © Supertrooper/Shutterstock.com, © acinquantadue/Shutterstock.com, GEOX, © Wolfilser/Shutterstock.com; p.132: © Eder/Shutterstock.com, © leoks/Shutterstock.com.